Die Kochbibel

Göttlich kochen mit der Küchenmaschine

Die Kochbibel

Göttlich kochen mit der Küchenmaschine

Rezepte von Su Vössing

Fotografie von Hubertus Schüler

Viele Bücher haben das Paradies versprochen, aber nur Kochbücher sind tüchtig und fähig genug, auch Wort zu halten. Ein Kochbuch, das sich selbst das bedeutungsvolle Wort „Bibel“ auf die Fahnen schreibt, hat sich sehr viel vorgenommen und es ist mir ein großes Vergnügen, Sie auf eine kulinarische Reise mitzunehmen, die viele paradiesische Komponenten erlebbar machen wird.

Ich hätte diese Kochbibel für die Arbeit mit einer gut ausgerüsteten Küchenmaschine spielend mit 700 Seiten füllen können und wäre immer noch nicht an der Grenze des Machbaren angekommen. Bis zum heutigen Tag bin ich noch an keiner kreativen Grenze angelangt, die je den Wunsch nach einem nützlicheren Gerät gefordert hätte. Ich kann sogar mit Gewissheit behaupten, dass selbst in meiner Küche die Küchenmaschine unterfordert wird. Warum? Wir spielen oder – besser – experimentieren viel zu wenig damit. Die Möglichkeiten, die sich durch die vielfältigen Zubehörteile ergeben, sind immens und dieses Buch bildet einen kleinen Aufriss der kreativen Zubereitungsmöglichkeiten leckerer Speisen ab.

Ich habe bei einigen Meistern der französischen Kochkunst gelernt – und alle ohne Ausnahme haben ihre professionellen Küchen mit einer oder sogar mehreren Maschinen bestückt.

Wenn ich in diesem Buch etwas zu vermitteln habe, dann muss es einfach und zuverlässig sein. Alle Rezepte wurden von mir speziell für den Einsatz einer Maschine entwickelt, damit Sie eine sinnliche und genussvolle Gebrauchsanleitung in den Händen halten, die weit über das Übliche hinausgeht. Sie zu inspirieren, gemeinsam mit mir himmlisch Neues und teuflisch Gutes auszuprobieren, das ist meine Idee für diese Kochbibel.

Herzlich
Ihre Su Vössing

Inhalt

Meine Lieblingsrezepte mit der Küchenmaschine

Su Vössing

vurde im Jahr 1991 als damals jüngste Sterneköchin Deutschlands mit einem Michelin-Stern ausgezeichnet. Der Weg dahin führte sie als Chef de Partie von Philippe Jorand in Münster direkt nach Paris als Souschef zu Jean-Michel Bouvier. Alain Senderens erkannte ihr außerordentliches Gespür für unverfälschte Aromen und ernannte sie nach nur drei Wochen zur Chef Saucier seines Restaurants „Lucas Carton". Weiter in der berühmten Pariser Brasserie „La Coupole" mit durchschnittlich 300 Speisen pro Schicht die Pariser Gesellschaft zum Schlemmen verführt. Zurück in Deutschland im Bonner Restaurant „Le Marron" geadelt worden. Der bunten Kölner Welt im „La Société" aufgetischt, um von dort in Florida im „Café Europa" als Chef de Cuisine auf beste Weise weiterzukochen. Danach und dazwischen hat sie von Anfang bis Ende beim „Kochduell" (VOX) ihre Spontaneität spielerisch unter Beweis gestellt. Ein kurzes Intermezzo im eigenen Restaurant in Düsseldorf schließt diese kulinarische Reise ab. Mit Kochbüchern, TV-Auftritten, Events, Live-Moderationen und Produktpräsentationen in allen Medien stellt Su Vössing zurzeit allen Interessierten ihr umfangreiches Wissen zur Verfügung.

Über Rituale und nützliche Helfer

Wenn ich ganz ehrlich bin, muss ich gestehen, dass mich nicht der Hunger in die Küche treibt, sondern die Freude an der Zubereitung. Es geht mir um die Atmosphäre. Kochen ist für mich ein geliebtes Ritual. In allen Bereichen muss die Sorgfalt, also die daraus resultierende Achtsamkeit, geradezu provoziert werden. Ich bin deshalb verrückt nach perfekten Kochutensilien, weil sie mich inspirieren.

Wenn ich behaupte, dass ein schönes, kostbares Messer besser schneidet, dann liegt das an dem Umgang damit. Ich gebe darauf acht, halte die Klinge scharf, ich fasse es viel lieber an und pflege damit einen freudvolleren Kontakt zum Schnittgut. Diese Freude an hochwertigen Einzelstücken teile ich mit vielen Menschen.

Mich machen aber neben den schönen auch die nützlichen Dinge in der Küche an, ohne die vieles nur mühselig gelingen würde. Das kann eine besonders scharfe Handreibe sein oder vielleicht ein nützlicher Aufsatz für eine Küchenmaschine. Ich mag es einfach, wenn ein Gegenstand in Perfektion genau das tut, was er soll.

Küchenmaschinen führen in vielen Haushalten ein trauriges Dasein, weil sie viel zu selten zum Einsatz kommen. Dabei kann man mit ihnen weit mehr als Teige kneten, Zwiebeln schneiden und Semmelbrösel herstellen. Bei mir ist die Küchenmaschine praktisch täglich im Einsatz. Ich stelle damit zum Beispiel Pürees, Farcen, Terrinen, Wurstbrät, Gemüsejulienne, Frischnudeln, Gebäck, frisch gemahlenes Mehl und jede Menge anderes her.

In diesem Buch möchte ich einige wunderbare Lieblingsrezepte zeigen, bei denen die Küchenmaschine eine Hauptrolle spielt. Sie und Ihre Gäste werden staunen, zu welch beeindruckenden Ergebnissen Sie kommen, wenn Sie sich einfach bei vielem von Ihrer Küchenmaschine helfen lassen. Ich wünsche Ihnen guten Appetit!

Tafelfreuden

Die einfache Küche

Rote-Bete-Süppchen mit Petersilienknödeln

Zubereitungszeit: 30 Minuten

Für 4 Portionen

Suppe

300 g Zwiebeln
1 Kräuterstrauß, gebunden aus 4 Lorbeerblättern, 3 Zweigen Rosmarin und 4 Zweigen Thymian
Olivenöl
550 g Kartoffeln, geschält und gewürfelt
550 g Rote Bete, roh geschält und gewürfelt
Meersalz
schwarzer Pfeffer aus der Mühle
1 Msp. Chiliflocken
etwas gehackte Petersilie für die Deko

Knödel

160 ml Milch
150 gemischtes altbackenes Brot, gewürfelt
100 g Zwiebeln, geschält und gewürfelt
Öl zum Braten
½ Bund Petersilie, fein gehackt
1 Ei (Größe L)
Meersalz
schwarzer Pfeffer aus der Mühle
evtl. etwas Paniermehl

1 Für die Suppe die **Zwiebeln** in Würfel schneiden. In einem Topf mit dem **Kräuterbund** in 3 EL **Olivenöl** anschwitzen. **Kartoffeln** dazugeben und mit anschwitzen. **Rote Bete** zugeben, alles zusammen 2–3 Minuten garen und mit **Salz** und **Pfeffer** würzen. 1 Liter Wasser angießen und alles aufkochen. Gut 15 Minuten köcheln lassen. Mit **Salz, Pfeffer** und **Chiliflocken** abschmecken.

2 Für die Knödel die **Milch** mit den **Brotwürfeln** aufkochen und in die Rührschüssel der Küchenmaschine geben. Die **Zwiebeln** in etwas **Öl** anschwitzen, sodass sie leicht Farbe annehmen, und dann mit in die Rührschüssel geben. Mit dem **Flachrührer** auf kleiner Stufe vermengen und 5 Minuten ruhen lassen. Nun die **Petersilie** und das **Ei** zugeben und gut durchrühren. Mit **Salz** und **Pfeffer** würzen. Alles 5 Minuten ruhen lassen. Noch einmal durchrühren und eventuell etwas **Paniermehl** zugeben, falls die Masse nicht kompakt genug ist.

3 Von der Masse mit feuchten Händen kleine Portionen abnehmen, zu Knödeln formen und in siedendem **Salzwasser** 8–10 Minuten leicht köcheln lassen.

4 Die Knödelchen mit der Suppe heiß servieren und mit **Petersilie** garnieren.

Fischvelouté mit Fischtatar und Sahne-Mascarpone-Dill-Creme

Zubereitungszeit: 30 Minuten

Für 4 Suppentassen

160 g Fischfilet nach Wahl, ohne Haut und Gräten
1–2 EL Olivenöl
Meersalz
schwarzer Pfeffer aus der Mühle
evtl. 1–2 EL Limetten- oder Zitronensaft
70 g Sahne
70 g Mascarpone
3–4 Zweige Dill, Fähnchen abgezupft und fein gehackt, plus etwas für die Deko
65 g Butter
50 g Mehl
5 cl Noilly Prat
700 ml Fischfond

1 Den **Fisch** in kleine Würfel schneiden. Mit **Olivenöl, Salz** und **Pfeffer** vermengen. Wer mag, gibt etwas **Limetten-** oder **Zitronensaft** hinzu. Zum Marinieren kalt stellen.

2 Die **Sahne** mit dem **Mascarpone** in der Rührschüssel der Küchenmaschine mit dem **Schneebesen** erst auf kleiner Stufe und dann langsam auf höchster Stufe cremig fest aufschlagen. Zum Schluss wieder auf kleiner Stufe den **Dill** einrühren. Kalt stellen.

3 Die **Butter** in einem Topf zerlassen, das **Mehl** einrühren und alles gut durchrühren. Mit **Noilly Prat** ablöschen, gut durchrühren und nach und nach den **Fischfond** einrühren. Auf kleiner Flamme 20 Minuten köcheln lassen, zwischendurch immer wieder durchrühren. Auf diese Weise verliert sich der Mehlgeschmack. Mit **Salz** und **Pfeffer** würzen. Die Suppe mit dem Fisch und der Sahne-Mascarpone-Dill-Creme servieren. Mit **Dill** dekorieren.

Gemüseeintopf mit Kaninchenfrikadellchen

Zubereitungszeit: 20 Minuten

Für 4 Portionen

1 große Kaninchenkeule ohne Knochen, gut durchgekühlt
1 Handvoll Babyspinat, gewaschen, abgetropft und klein gehackt
2 Scheiben Toastbrot, entrindet
6 EL Sahne
Meersalz
schwarzer Pfeffer aus der Mühle
1 Ei (Größe S oder M)
Öl zum Braten
2 dicke Karotten, geschält
3 dicke Kartoffeln, geschält
¼ Sellerieknolle, geschält
1 kleiner Kohlrabi, geschält
800–1000 ml Gemüsefond oder Kaninchenbrühe
2 kleine Zweige Liebstöckel, Blättchen abgezupft

1 Den **Fleischwolf** der Küchenmaschine im Kühlschrank gut durchkühlen lassen. Das **Fleisch** und den **Spinat** durch die **feine Scheibe** des Fleischwolfs direkt in die Rührschüssel drehen. Das **Toastbrot** mit der **Sahne** tränken und ebenfalls durch den Fleischwolf drehen. **Salz, Pfeffer** und **Ei** zugeben und die Masse mit dem **Flachrührer** gut verrühren. Kräftig abschmecken.

2 Mit angefeuchteten Händen kleine Frikadellen formen. In einer Pfanne in etwas **Öl** auf allen Seiten knusprig braten.

3 **Karotten, Kartoffeln, Sellerie** und **Kohlrabi** mit dem **Würfeleinsatz** in Würfel schneiden. Den **Fond** oder die **Brühe** in einen Topf geben und das Gemüse hinzufügen. Aufkochen und 6–8 Minuten köcheln lassen.

4 Die gebratenen Frikadellen dazugeben, alles kurz aufwallen lassen und mit **Liebstöckel** bestreut servieren.

Asia-Hirschbällchen mit Sesam und Zuckerschotensalat

Zubereitungszeit: 15 Minuten

Für 4 Vorspeisenportionen

200 g Zuckerschoten, geputzt
Meersalz
4 EL helle Sesamsamen
2 EL Sesamöl
schwarzer Pfeffer aus der Mühle
250 g Hirschrücken ohne Knochen, Sehnen und Fett entfernt
4 Zweige Petersilie
2 Scheiben Toastbrot, entrindet
1 EL Sojasauce
2 wenig gefüllte TL Wasabipaste
Öl zum Braten

Dip
3 Stangen Frühlingslauch, geputzt und in Scheiben geschnitten
2 rote und gelbe Peperoni, halbiert, entkernt und fein gewürfelt
5–6 EL Sojasauce
2 EL Maissirup oder Agavensirup
3–4 EL Sushi-Essig
1 EL Sesamöl

1 Die **Zuckerschoten** in feine, dünne Streifen schneiden. In kochendes **Salzwasser** geben, 20–30 Sekunden angaren und sofort in Eiswasser abschrecken. Gut abtropfen lassen, in eine Schüssel geben und mit 2 EL **Sesamsamen,** 1 EL **Sesamöl, Salz** und **Pfeffer** würzen.

2 Das **Fleisch** würfeln. Fleisch und **Petersilie** durch den **Fleischwolf (feine Scheibe)** der Küchenmaschine direkt in die Rührschüssel drehen. Das **Toastbrot** ebenfalls durch den Fleischwolf in die Rührschüssel drehen. Mit 2 EL **Sesamsamen,** 1 EL **Sesamöl, Sojasauce, Wasabi, Salz** und **Pfeffer** abschmecken. Mit dem **Flachrührer** die Masse auf kleiner Stufe gut durcharbeiten.

3 Aus der Masse mit feuchten Händen 20 kleine Bällchen formen und in einer Pfanne in **Öl** knusprig braten.

4 Für den Dip alle **Zutaten** verrühren. Die warmen Fleischbällchen mit dem Dip und dem Zuckerschotensalat anrichten.

Rindfleischburger auf Kartoffelpüree

Zubereitungszeit: 50 Minuten

Für 4 Portionen

50 g Panko-Mehl
60 g Rote-Bete-Saft
1 reife Avocado
Saft von 1 Limette
Meersalz
schwarzer Pfeffer aus der Mühle
2 rote Zwiebeln, geschält und in Ringe geschnitten
Öl zum Braten
550 g Rindfleisch aus der Hüfte, Sehnen und Fett entfernt, gut gekühlt
1 EL Balsamico-Essig
Kartoffelpüree für 4 Personen (nach eigenem Rezept zubereitet)
1 kleine Salatgurke, in Scheiben geschnitten
1–2 Stangen Frühlingslauch, geputzt und in Ringe geschnitten
1 gelbe Paprikaschote, geputzt und gewürfelt

1 runder Ausstecher (ø 8–10 cm)

1 Den Backofen auf 110 °C Umluft vorheizen. Das **Panko-Mehl** mit dem **Rote-Bete-Saft** vermengen und auf einem mit Backpapier ausgelegten Blech gleichmäßig verteilen. Die Brösel im Ofen 45 Minuten oder länger durchtrocknen, zwischendurch wenden. Man kann die Brösel anschließend so lassen oder mit einem kleinen elektrischen Zerkleinerer fein mahlen.

2 **Avocado** halbieren, schälen und den Kern entfernen. Mit **Limettensaft, Salz** und **Pfeffer** gut durchmixen und kalt stellen. Die **Zwiebelringe** in etwas **Öl** anbraten und mit **Salz** würzen. Beiseitestellen.

3 Den **Fleischwolf** der Küchenmaschine im Kühlschrank gut durchkühlen lassen. Das **Fleisch** in kleine Stücke schneiden und durch die **feine Scheibe** des Fleischwolfs direkt in die Rührschüssel drehen. Mit **Salz** und **Pfeffer** kräftig würzen und mit **Balsamico** parfümieren. Mit dem **Flachrührer** die Masse gut durchmengen und mithilfe des Ausstechers vier Burger formen. In einer Pfanne in etwas **Öl** auf beiden Seiten knusprig braun braten.

4 Das **Püree** erwärmen. Aus Püree, Fleisch, **Gurke,** Avocadocreme, **Frühlingslauch, Paprika,** Zwiebelringen und Panko portionsweise Türmchen bauen und sofort servieren.

Vitello tonnato mal anders

Zubereitungszeit: 20 Minuten

Für 4 Portionen

400 g falsches Filet vom Kalb, Sehnen und Fett entfernt, gut gekühlt
Olivenöl
abgeriebene Schale von 1 Biozitrone
Meersalz
schwarzer Pfeffer aus der Mühle
Öl zum Braten
120 g frischer Thunfisch (am besten kontrollierter Fangfisch), in dünne Scheiben geschnitten
je 1 EL helle und schwarze Sesamsamen
3–4 EL Mayonnaise
Schnittlauchröllchen und -zweige für die Deko

3 unterschiedlich große, runde Ausstecher

1 Den **Fleischwolf** der Küchenmaschine im Kühlschrank gut durchkühlen lassen. Das **Kalbfleisch** in kleine Stücke schneiden und durch die **feine Scheibe** des Fleischwolfs drehen. Mit etwas **Olivenöl, Zitronenschale, Salz** und **Pfeffer** kräftig parfümieren.

2 Aus dem Fleisch mit dem größten Ausstecher vier Burger formen. In einer Pfanne in **Öl** nur auf einer Seite anbraten. Das Fleisch mit der gebratenen Seite nach oben auf den Tellern anrichten.

3 Mit den zwei kleineren Ausstechern je vier Scheiben **Thunfisch** ausstechen, alle mit **Olivenöl** einstreichen und die größeren mit **Sesam** bestreuen. Den Thunfisch auf dem Fleisch anrichten und mit einem kleinen Klecks **Mayonnaise** und **Schnittlauch** verzieren. Die restliche **Mayonnaise** getrennt servieren. Mit grünem Salat oder marinierten Wildkräutern servieren.

Räucherlachstarte mit Pumpernickelboden

Zubereitungszeit: 20 Minuten, Kühlzeit: 2 Stunden

Für 6 Portionen

Boden

250 g Pumpernickel
2 Zweige Thymian, Blättchen abgezupft
60 g Butter, geschmolzen
3 TL Honigsenf

Füllung

300 g Räucherlachs (am besten Wildlachs)
8 Zweige Dill plus 3 Zweige Dill für die Deko
120 g Mascarpone
100 g Schmand
schwarzer Pfeffer aus der Mühle
Meersalz

Deko

150 g Wildlachs für die Räucherlachsrose

1 runde Kuchenform mit Hebeboden (ø 20–22 cm)
1 runder Backzuschnitt oder selbst zugeschnittenes Backpapier
1 Wasserbad mit kaltem Wasser

1 Das **Pumpernickel** in Stücke brechen und mit dem **Thymian** durch den **Fleischwolf (feine Scheibe)** direkt in die Rührschüssel drehen. Mit der Hand das durchgedrehte Brot feiner zerkrümeln und in die vorbereitete Form geben, mit den Fingern etwas festdrücken. Die warme, flüssige **Butter** gleichmäßig darauf verteilen und mit dem Löffel die Masse gut in die Form drücken. Den **Senf** gleichmäßig darauf verteilen. Die Form für 15 Minuten in den Gefrierschrank stellen. Den Fleischwolf trocken säubern.

2 Den **Lachs** und den **Dill** durch den Fleischwolf direkt in die Rührschüssel drehen, **Mascarpone** und **Schmand** dazugeben, mit **Salz** und **Pfeffer** leicht würzen und mit dem **Flachrührer** die Masse auf der Stufe 2 gut durchrühren. Die Form aus dem Gefrierschrank nehmen und die Lachsmasse hineinfüllen. Mit einem Löffel, den man immer wieder ins kalte Wasser taucht, die Lachsmasse gleichmäßig auf dem Boden verteilen und glatt streichen.

3 Für 2 Stunden kalt stellen. Dann aus der Form lösen und auf eine Servierplatte geben, aus den **Räucherlachsscheiben** für die Deko eine Rose formen und mittig auf die Tarte setzen, mit **Dill** dekorieren und servieren. Eine schöne Vorspeise!

Gemüseschnitzel mit Bratkartoffeln

Zubereitungszeit: 35 Minuten

Für 4 Portionen

2 gelbe oder grüne Zucchini, gewaschen
Meersalz
10 große (amerikanische) Scheiben Toastbrot, entrindet
2 kleine Bund glatte Petersilie, Hälfte fein gehackt
2 Eier, verquirlt
4–5 EL Mehl
Rapsöl oder Sonnenblumenöl
1 kg festkochende Kartoffeln, geschält
schwarzer Pfeffer aus der Mühle
2 Zitronen, sternförmig halbiert

1 **Zucchini** schräg in circa 1 cm dicke Scheiben schneiden. Auf einem Backblech etwas **Salz** verteilen. Zucchini darauflegen und mit **Salz** bestreuen. Die Scheiben können auch übereinanderliegen, sollten aber immer von beiden Seiten gesalzen sein. 20 Minuten ruhen lassen. Danach zwischen Küchenpapier abtropfen lassen.

2 Das **Toastbrot** in Würfel schneiden. Mit der ungehackten **Petersilie** portionsweise im Küchenmixer zerkleinern. So entsteht leuchtend grüne Panade.

3 Panade, **Eier** und **Mehl** jeweils auf einen großen Teller geben. Die Zucchinischeiben erst in Mehl wälzen, dann durch das Ei ziehen und zuletzt von beiden Seiten fest in die Panade drücken. Sie sollen davon gut umhüllt sein.

4 Die Gemüseschnitzel in einer Pfanne in reichlich **Öl** portionsweise auf beiden Seiten knusprig braten. Währenddessen den Backofen auf 180 °C Umluft vorheizen. Gemüseschnitzel auf ein mit Backpapier ausgelegtes Blech geben und bis zum Servieren in den Ofen stellen.

5 Die **Kartoffeln** von Hand oder mit der **Scheibenschneidereibe** in Scheiben schneiden und in einer großen Pfanne oder einem Bräter in **Öl** knusprig braten. Mit **Salz** und etwas **Pfeffer** würzen. Zum Schluss die meiste gehackte **Petersilie** zugeben und die restliche Petersilie als Dekoration aufstreuen. Mit den Gemüseschnitzelchen und den **Zitronenhälften** servieren.

Käseknödel auf Rote-Bete-Salat

Zubereitungszeit: 20 Minuten

Für 12 Klöße

Klöße
500 g Magerquark
330 g frische Brötchen, gewürfelt
3 Eier (Größe L), verquirlt
60 g Bergkäse, gerieben
8 Zweige Petersilie, gehackt
Meersalz
schwarzer Pfeffer aus der Mühle

Salat
4 dicke Rote Bete, vorgekocht (Vakupack aus dem Supermarkt)
Meersalz (am besten Fleur de Sel)
Olivenöl
1 rote Zwiebel, geschält und in dünne Scheiben geschnitten

Schmelze
25 g Butter
40 g Paniermehl
1 Zweig Thymian, Blättchen abgezupft
Meersalz

1 Leinentuch (Käseleinen) oder ein Baumwollküchentuch
1 Haarsieb, elektrisches Handrührgerät

1 Für die Klöße das Haarsieb mit dem Käseleinen auslegen. Den **Magerquark** hineingeben und das Tuch zusammendrehen, sodass Spannung entsteht. Den Quark 3–4 Stunden über einer Schüssel im Kühlschrank abtropfen lassen.

2 Quark, **Brötchenwürfel, Eier, Käse** und **Petersilie** in einer Schüssel mit dem elektrischen Handrührgerät zu einer gleichmäßigen Masse verarbeiten. Mit **Salz** und **Pfeffer** würzen.

3 Gut **gesalzenes** Wasser in einem großen Topf zum Kochen bringen. Aus der Brötchenmasse sofort mit feuchten Händen zwölf Klöße formen. In das Wasser geben. Kurz aufwallen lassen und dann die Temperatur auf kleine Hitze reduzieren. Die Klöße 15 Minuten ziehen lassen.

4 Für den Salat in der Zwischenzeit die **Rote Bete** mit der **Scheibenschneidereibe** in ganz dünne Scheiben schneiden oder hobeln. Auf vier großen Tellern leicht überlappend auslegen. Mit **Salz** und **Olivenöl** parfümieren. Die **Zwiebelscheiben** darauf verteilen.

5 Für die Schmelze die **Butter** in einem kleinen Topf zerlassen. **Paniermehl** und **Thymian** einrühren und alles so lange erhitzen, bis eine schöne Röstung entstanden ist. Mit **Salz** würzen.

6 Die Klöße abtropfen lassen. Heiß auf den Salat setzen. Die Schmelze darübergeben und alles warm servieren.

Börek mit Auberginenfüllung mit buntem Tomatensalat

Zubereitungszeit: 50 Minuten

Für 12 Stück

Börek mit Auberginenfüllung

750 g Auberginen
Meersalz
2 Scheiben großes (amerikanisches) Toastbrot, gewürfelt
2 Zweige Rosmarin, Nadeln abgezupft
250 g Joghurt (3,5 % Fett)
schwarzer Pfeffer aus der Mühle
3–4 Zweige Basilikum, Blättchen abgezupft
½ rote Zwiebel, fein gewürfelt
12 Strudelteigblätter (aus dem Kühlregal)
100 g Butter, geschmolzen
3–4 EL Olivenöl

Tomatensalat

2 Fleischtomaten, gewaschen
2 grüne Tomaten, gewaschen
2 orangefarbene oder gelbe Tomaten, gewaschen
200 g kleine Cocktailtomaten (am besten in Rot, Gelb und Orange), gewaschen
1 rote Zwiebel, in Scheiben bzw. Ringe geschnitten
gutes Meersalz
schwarzer Pfeffer aus der Mühle
4 EL Olivenöl

1 Spritzbeutel mit Lochtülle

1 Von den **Auberginen** die Enden abschneiden. Halbieren und in 6–8 cm lange Stücke schneiden. In eine Schüssel geben und mit feinem **Salz** bestreuen. 20 Minuten Wasser ziehen lassen. Den Backofen auf 200 °C Ober-/Unterhitze (180 °C Umluft) vorheizen. Die Auberginen auf ein Sieb geben und abtropfen lassen. Auf einem mit Backpapier ausgelegten Blech verteilen und im Ofen 15 Minuten garen. Herausnehmen und 5 Minuten abkühlen lassen.

2 Die Auberginen mit **Toastbrot** und **Rosmarinnadeln** durch den **Fleischwolf (feine Scheibe)** drehen. Die Masse gut verrühren und 20 Minuten kalt stellen.

3 In der Zwischenzeit den **Joghurt** mit **Salz** und **Pfeffer** würzen. Acht **Basilikumblätter** fein schneiden und mit den **Zwiebelwürfeln** in den Joghurt rühren. In eine Schale oder vier Schälchen füllen und kalt stellen.

4 Die **Strudelteigblätter** dünn mit flüssiger **Butter** einstreichen. Jedes Blatt der Länge nach Kante auf Kante zusammenfalten. Mit der kurzen Kante nach unten – also parallel zum vorderen Abschluss der Arbeitsfläche – legen. Wieder mit Butter einstreichen. Die Auberginenmasse in einen Spritzbeutel mit Lochtülle füllen. Nun parallel zur unteren kurzen Kante einen Streifen Masse auf das Teigblatt aufspritzen. Er soll zur Unterkante und zu den Seitenrändern jeweils etwa 1 cm Abstand haben. Neben den ersten Streifen einen zweiten Streifen ziehen. Nun die nicht bespritzten Seitenränder der ganzen Länge nach rechts und links jeweils 1 cm nach innen einschlagen. Jetzt das Teigblatt von unten nach oben aufrollen. Die Abschlusskante leicht andrücken. Mit Butter auf allen Seiten dünn einstreichen. So mit allen Teigblättern verfahren.

5 Die Röllchen in einer Pfanne in **Olivenöl** knusprig braten und auf ein mit Backpapier ausgelegtes Blech legen. Den Backofen auf 180 °C Umluft vorheizen. Röllchen für 10 Minuten in den Ofen stellen.

6 In der Zwischenzeit größere **Tomaten** in Scheiben schneiden, die kleinen halbieren. Dann mit den **Zwiebelscheiben** auf vier Tellern anrichten. Mit **Meersalz** und **Pfeffer** würzen, **Olivenöl** aufträufeln und die restlichen **Basilikumblätter** dekorativ anlegen. Die heißen Börek dazugeben. Mit dem Joghurt servieren.

Salat in der Sesam-Mohn-Brotschale

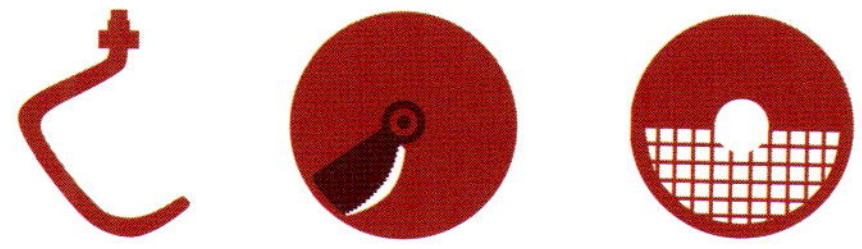

Zubereitungszeit: 25 Minuten, Ruhezeit Teig: 25 Minuten, Backzeit: 30 Minuten

Für 4 Portionen

Brotschalen

200 g Weizenmehl Type 405 (am besten Instantmehl) plus etwas zum Bearbeiten
50 g Hartweizengrieß
½ Pck. Trockenhefe
1 EL Mohn
1 EL helle Sesamsamen
10 g Salz
1 Msp. Natron
1 EL Olivenöl plus etwas zum Einfetten

Salat

1 Bund Radieschen, geputzt und gewaschen
3 Minigurken, gewaschen
je 1 rote und gelbe Paprikaschote, geputzt und gewaschen
1 Zwiebel, geschält und halbiert
1–2 EL milder Weißweinessig
2 EL Olivenöl
Meersalz
schwarzer Pfeffer aus der Mühle
2 Römersalatherzen, gewaschen und trocken geschleudert
4 Blätter Eichblattsalat, gewaschen und trocken geschleudert
½ Brokkoli, geputzt und kurz blanchiert
½ Bund Schnittlauch, in Röllchen geschnitten

1 Für die Brotschale alle **Zutaten** mit 150 ml warmem Wasser in der Rührschüssel mit dem **Knethaken** der Küchenmaschine 5–6 Minuten auf mittlerer Stufe durchkneten. Dabei die Maschine mit einem Küchentuch abdecken. Dann 10 Minuten abgedeckt ruhen lassen. Den Teig mit den Händen auf einer gut **bemehlten** Arbeitsfläche kurz durchkneten. Zu einem großen Kreis ausrollen, dessen Umfang sich nach der Größe der in Schritt 2 verwendeten Edelstahlschüssel richtet.

2 Eine mittelgroße, hitzebeständige Edelstahlschüssel außen gut mit etwas **Öl** einreiben und mit der Öffnung nach unten auf die Arbeitsfläche stellen. Den Teig auf die Edelstahlschüssel geben und abgedeckt weitere 15 Minuten ruhen lassen.

3 Backofen auf 220 °C Umluft vorheizen. Die Schüssel mit dem Teig auf ein Backblech oder Gitter auf der mittleren Schiene stellen. 12 Minuten backen. Die Brotschale vorsichtig von der Schüssel lösen und weitere 15–18 Minuten zurück auf das Blech oder Gitter setzen. Die Brotschale sollte rundherum schön knusprig sein. Herausnehmen und auf einem Kuchengitter abkühlen lassen.

4 Für den Salat **Radieschen, Gurken, Paprika** und **Zwiebel** mit der **Scheibenschneidereibe** beziehungsweise dem **Würfelschneider** in Scheiben und Würfel schneiden. **Essig, Olivenöl, Salz** und **Pfeffer** mischen und würzig abschmecken. Den Salat damit anmachen.

5 Mit dem **Römer-** und **Eichblattsalat** die Brotschale auskleiden. Darauf den Salat und den **Brokkoli** anrichten. Mit **Schnittlauch** bestreuen. Die Brotschale ist natürlich zum Mitessen gedacht!

Pizza Margherita

Zubereitungszeit: 10 Minuten, Ruhezeit Teig: 45 Minuten, Backzeit: 12 Minuten

Für 4 Portionen

Teig

500 g Weizenmehl Type 405 oder die italienische Type 00 plus
etwas zum Bearbeiten
1 Pck. Trockenhefe
8 g Salz
2 EL Olivenöl

Belag

400 g gehackte Tomaten (aus der Dose oder dem Tetrapack)
Meersalz
schwarzer Pfeffer aus der Mühle
360 g Gruyère oder Tilsiter, gerieben
1 EL getrockneter Majoran plus frischer Majoran für die Deko

4 runde Pizzaformen (ø 25 cm)

1 Für den Teig alle **Zutaten** mit 280 ml lauwarmem Wasser in die Rührschüssel geben und mit dem **Knethaken** 5–6 Minuten auf kleiner Stufe kneten. Die Maschine mit einem Küchentuch abdecken und den Teig 30 Minuten ruhen lassen. Danach den Teig mit den Händen auf einer leicht **mehlierten** Arbeitsfläche gut durchkneten und in vier gleich große Stücke teilen. Jeweils zu einer Kugel formen und 15 Minuten gehen lassen.

2 Die Teigkugeln mit dem Nudelholz in Pizzaformengröße ausrollen und in die Formen legen.

3 Den Teig mit den **Tomaten** bedecken, dabei einen kleinen Rand frei lassen. Mit **Salz** und **Pfeffer** würzen. Den **Käse** gleichmäßig darauf verteilen und mit **Majoran** bestreuen. Den Backofen auf 240 °C Umluft vorheizen. Die Pizzen 10–12 Minuten backen. Abschließend mit frischem **Majoran** dekorieren.

Mehr Pizza-Rezepte ab Seite 136.

Tipp: Man kann die Pizza zusätzlich mit Mozzarellascheiben und nach dem Backen mit Basilikumblättern belegen. Wenn man keine vier Pizzaformen hat, rollt man den Teig in Backblechgröße aus und legt ihn auf ein mit Backpapier ausgelegtes Blech. Oder man backt vier runde Pizzen auf zwei Blechen.

Bucatini in Knoblauchöl mit Rosmarin

Zubereitungszeit: 20 Minuten, Ruhezeit Teig: 1 Stunde

Für 4 Portionen

Nudeln

400 g Pastamehl oder 200 g Weizenmehl Type 405 und
200 g Hartweizengrieß
6 Eigelb (Größe L)
2 Eier (Größe L)
1 TL Salz
1 EL Olivenöl

Würzöl

4–5 Knoblauchzehen, geschält, halbiert, den Keim entfernt
4 Zweige Rosmarin, halbiert
Olivenöl
Meersalz
150–200 g italienischer Hartkäse

1 Für die Nudeln alle **Zutaten** mit dem **Flachrührer** in der Küchenmaschine auf kleiner Stufe zu einem Teig verarbeiten. Eventuell noch 1–3 EL Wasser zugeben. Aus der Schüssel nehmen, kurz mit den Händen durchkneten, zu einer Kugel formen und die Oberseite kreuzförmig einschneiden. In eine kleine Glasschüssel geben, mit Klarsichtfolie gut verschließen und 1 Stunde ruhen lassen.

2 Den **Bucatini-Einsatz** der Küchenmaschine aufstecken. Den Teig in kleinen Stücken hineingeben und die Bucatini in der gewünschten Länge abtrennen. Falls Ihre Küchenmaschine nur einen Bucatini-Einsatz mit größerem Durchmesser hat, macht das nichts, dann gegebenenfalls 1 Minute länger im Salzwasser lassen.

3 Die Nudeln in kochendem **Salzwasser** 1–2 Minuten garen und abgießen. In eine Servierschüssel geben.

4 Für das Würzöl **Knoblauch** und **Rosmarin** in einer großen Pfanne in reichlich **Olivenöl** anrösten. Zu den abgetropften Nudeln geben, alles gut durchschwenken und mit **Meersalz** würzen. Die Nudeln mit italienischem **Hartkäse** zum Aufstreuen servieren.

Mehr Pasta-Rezepte ab Seite 60.

Tipp: Bolognesesauce sollte lange köcheln, entweder auf dem Herd oder im Backofen. Weil sie so viel Zeit braucht, kochen wir immer ein bisschen mehr, als wir gerade brauchen, und frieren einen Teil frisch ein. So haben wir immer eine exzellente Sauce griffbereit.

Spaghetti bolognese mit Ofentomaten

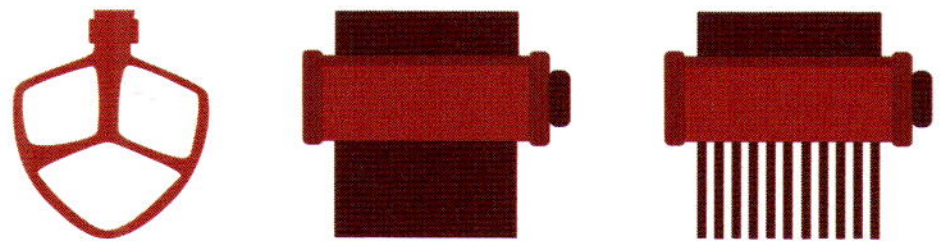

Zubereitungszeit: 45 Minuten, Kochzeit: 2 Stunden, Ruhezeit Teig: 1 Stunde

Für 4–6 Portionen

Sauce

180 g Karotten, geschält
100 g Staudensellerie, geputzt
100 g Fenchel, geputzt
300 g Zwiebeln, geschält und klein gewürfelt
Olivenöl zum Braten
600 g gemischtes Hackfleisch
3–4 Knoblauchzehen, gehackt
1 rote Chilischote, entkernt und gewürfelt
2–3 Lorbeerblätter
je 3 Zweige Rosmarin und Thymian
100 g Lauch (am besten das weiße Ende), klein geschnitten
½ Tube dreifach konzentriertes Tomatenmark
1,5 kg gehackte Tomaten (aus der Dose oder dem Tetrapack)
1 Randstück Parmesan, grob zerkleinert
Meersalz
schwarzer Pfeffer aus der Mühle
150 g Parmesan, gerieben oder gehobelt

Nudeln

300 g Pastamehl oder 150 g Weizenmehl Type 405 und
150 g Hartweizengrieß plus etwas zum Bearbeiten
3 Eier (Größe L)
1 EL Olivenöl
3 g Salz

Ofentomaten

3–4 Rispen kleine Tomaten
Meersalz
schwarzer Pfeffer aus der Mühle
Olivenöl
2 Knoblauchzehen, geviertelt
je 2 Zweige Rosmarin und Thymian

1 Für die Sauce **Karotten, Sellerie** und **Fenchel** am besten in einem elektrischen Zerkleinerer in kleine Stücke zerkleinern. In einem großen Topf **Zwiebeln** in **Olivenöl** glasig anschwitzen. **Gehacktes** hinzufügen und anbraten. **Knoblauch, Chili, Lorbeer** und **Kräuter** dazugeben und mit anschwitzen. Dann das Gemüse einschließlich **Lauch** hineingeben. 3–4 Minuten garen. **Tomatenmark** einrühren und mit den gehackten **Tomaten** auffüllen. **Parmesanstücke** zufügen. Mit **Salz** und **Pfeffer** würzen. 1½–2 Stunden leicht köcheln lassen.

2 Für die Nudeln alle **Zutaten** mit dem **Flachrührer** auf kleiner Stufe zu einem Teig verarbeiten. Eventuell 1–3 EL Wasser zugeben. Aus der Schüssel nehmen und kurz mit den Händen noch einmal durchkneten. Zu einer Kugel formen und die Oberseite kreuzförmig einschneiden. In eine kleine Glasschüssel geben, mit Klarsichtfolie gut verschließen und 1 Stunde ruhen lassen.

3 Den Teig halbieren und flach drücken. Eine Hälfte nun mehrfach durch den **Nudelblattroller** geben. Dabei bei offen anfangen und das Gerät vor jedem neuen Durchwalzen jeweils um eine Position bis zur engsten Position einstellen. Wer die Pasta dicker mag, macht etwas früher Schluss. Es sollen schöne, gleichmäßige Teigbahnen entstehen. Teigstücke auf die gewünschte Länge zuschneiden. Mit der anderen Hälfte ebenso verfahren. Zuletzt die Bahnen durch einen **Spaghettischneider** geben. **Hartweizengrieß** oder **Pastamehl** auf das Backblech streuen. Die rohe Pasta bis zum Kochen auf das Blech legen.

4 Erst wenn die Ofentomaten fast fertig sind (siehe unten), **Salzwasser** zum Kochen bringen und die Pasta gut 1 Minute kochen lassen. Abgießen.

5 Für die Ofentomaten den Backofen auf 140 °C Ober/-Unterhitze vorheizen. **Tomaten** waschen, halbieren und auf ein mit Backpapier ausgelegtes Backblech legen. Mit **Salz** und **Pfeffer** würzen und gut mit **Olivenöl** beträufeln. **Knoblauch** und **Kräuter** dazulegen. 35–40 Minuten backen. Zwischendurch das Backpapier um 180 Grad (vordere Kante nach hinten) drehen.

6 Die abgegossenen Nudeln heiß auf vorgewärmte Teller geben, die Bolognesesauce und die Tomaten darauf verteilen. Mit **Kräutern** dekorieren. **Parmesan** ebenfalls auf den Tisch stellen.

Weiße Kaninchenbolognese mit Karottencouscous

 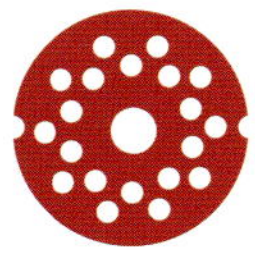

Zubereitungszeit: 20 Minuten, Kochzeit: 1 Stunde

Für 4–6 Portionen

Karottencouscous
2 EL Olivenöl
Meersalz
schwarzer Pfeffer aus der Mühle
200 g Couscous
1 dicke Karotte, geschält und fein gerieben
1 Apfel, geschält und fein gerieben
3–4 EL guter Weißweinessig
4 EL Walnussöl oder Olivenöl
je 1 rote und gelbe Peperoni, entkernt und fein gewürfelt
½ Bund Rauke, trocken gehackt
10 Walnüsse, zerstoßen

Bolognesesauce
800 g Kaninchenfleisch aus der Keule ohne Knochen, gut durchgekühlt
Pflanzenöl zum Braten
300 g Zwiebeln, geschält und fein gewürfelt
4 Zweige Thymian, Blättchen abgezupft
2 Zweige Rosmarin, Nadeln abgezupft und gehackt
40 g Mehl
Meersalz
schwarzer Pfeffer aus der Mühle
100 g Sahne
einige Petersilienblättchen für die Deko

1 Für den Couscous 200 ml Wasser mit **Olivenöl, Salz** und **Pfeffer** zum Kochen bringen. **Couscous** in eine Schüssel geben und mit dem heißen Wasser übergießen. Durchrühren, abdecken und 10 Minuten quellen lassen.

2 Die **Karotte** und den **Apfel** mit einer **feinen Raspeltrommel** im Gemüseschneider zerkleinern. Die Karotte mit Apfel, **Essig, Öl, Peperoni, Salz** und **Pfeffer** ein paar Minuten marinieren, dann mit **Rauke** und **Walnüssen** vermengen. Den Couscous mit einer Gabel auflockern und zur Karotte geben, durchrühren und zur Seite stellen.

3 Für die Bolognesesauce den **Fleischwolf** im Kühlschrank gut durchkühlen lassen. Das **Kaninchenfleisch** in kleine Stücke schneiden und durch die **feine Scheibe** des Fleischwolfs drehen. In einem Schmortopf **Öl** erhitzen und das Fleisch mit **Zwiebeln** und **Kräutern** anbraten, es soll aber keine Farbe annehmen.

4 Mit **Mehl** bestäuben und gut anschwitzen. Dann 1 Liter Wasser angießen und aufkochen lassen. Zwischendurch immer gut durchrühren, weil der Ansatz wegen des Mehls sonst schnell anbrennen könnte. Mit **Salz** und **Pfeffer** würzen. Die Bolognesesauce sollte etwa 1 Stunde gut köcheln, zwischendurch gelegentlich durchrühren. Zum Schluss die **Sahne** zugeben und alles noch einmal aufkochen. Noch einmal nachwürzen und mit dem Couscous servieren. Mit **Petersilie** dekorieren.

Wer es etwas anspruchsvoller möchte, kann auf die Bolognesesauce noch etwas Trüffelpesto geben (Rezept Seite 72).

Krapfen mit Sauerkraut und Frühstücksspeck

Zubereitungszeit: 30 Minuten, Ruhezeit Teig: 40 Minuten

Für 6 Krapfen

Teig
15 g frische Hefe
1 EL Zucker
250 g Weizenmehl Type 405 plus 1–2 EL zum Bearbeiten
6 g Salz
2 l Frittieröl

Sauerkraut
100 g Zwiebeln, geschält und fein gewürfelt
1 Lorbeerblatt
1 EL Gänse- oder Entenschmalz (alternativ Butterschmalz)
500 g Weinsauerkraut
250 ml Apfelsaft
Meersalz
schwarzer Pfeffer aus der Mühle
evtl. 1 EL Zucker
1 mittelgroße Kartoffel, geschält
30 g Butter
12 oder 18 Scheiben Frühstücksspeck (je nach Größe)

1 Teigkarte
1 kleiner runder Ausstecher (ø 4 cm)

1 Für den Teig die **Hefe** mit 175 ml warmem Wasser und **Zucker** in ein Schraubglas geben und gut durchschütteln, bis sich die Hefe ganz aufgelöst hat. 10–15 Minuten gehen lassen. **Mehl** und **Salz** mit dem Hefeansatz in die Rührschüssel geben und mit dem **Knethaken** 5–6 Minuten auf mittlerer Stufe zu einem Teig kneten. Mit einem Küchentuch abdecken und 20 Minuten gehen lassen. Erneut durchkneten und mit der Teigkarte auf die leicht **mehlierte** Arbeitsfläche geben.

2 1 EL **Mehl** zugeben und den Teig mit der Teigkarte bearbeiten; er sollte am Anfang noch klebrig sein. Durch das Arbeiten auf der Arbeitsplatte wird er richtig schön geschmeidig. In sechs gleich große Stücke teilen und jeweils eine Kugel daraus formen. Die Kugeln mit den Fingern auf circa 10 cm Durchmesser flach drücken. Mit einem Ausstecher in die Mitte ein Loch bohren. Die Teiglinge auf Backpapier legen und mit einem Küchentuch abdecken. 20 Minuten ruhen lassen.

3 Für das Sauerkraut in einem Topf die **Zwiebeln** und das **Lorbeerblatt** in **Schmalz** anschwitzen. Das **Sauerkraut** zugeben, vermengen und mit **Apfelsaft** auffüllen. Mit **Salz** und **Pfeffer,** eventuell auch mit **Zucker** würzen. Aufkochen und mit geschlossenem Deckel gut 12–15 Minuten köcheln lassen. **Kartoffel** fein reiben und zum Sauerkraut geben. Durchkochen und die **Butter** einrühren.

4 **Speck** in der Pfanne auf beiden Seiten knusprig braten. Oder auf einem Backblech im Backofen bei 200 °C Umluft knusprig braun backen.

5 Das **Frittieröl** auf 180 °C erhitzen. Wenn sich kleine Bläschen an einem eingetauchten Holzlöffel bilden, ist das Fett heiß genug. Die Teiglinge nach und nach im Öl auf beiden Seiten braun backen und auf Küchenpapier abtropfen lassen. Mit Sauerkraut und Speck servieren.

Dinkelbrot

Zubereitungszeit: 15 Minuten, Ruhezeit Teig: 14 Stunden, Backzeit: 27 Minuten

Für 1 Brot

Ansatz
250 g Dinkelmehl Type 630 plus etwas Mehl zum Bearbeiten
6 g frische Hefe

Hauptteig
250 g Dinkelmehl
50 g Buchweizenflocken
12 g Salz
6 g frische Hefe

1 verschließbare Schüssel mit Deckel
1 großer Gärkorb (lang oder rund)
1 Teigkarte

1 Für den Ansatz die **Zutaten** mit 250 ml kaltem Wasser in die Rührschüssel geben und mit dem **Knethaken** der Küchenmaschine auf kleiner Stufe verkneten. Den Ansatz in eine leicht **mehlierte** Schüssel geben und gut verschließen. Den Teig am besten in der Speisekammer oder im kühlen Keller mindestens 12 Stunden gehen lassen, länger ist kein Problem.

2 Für den Hauptteig alle **Zutaten** mit 75 ml kaltem Wasser und dem Vorteig in die Rührschüssel geben und mit dem Knethaken einige Minuten auf kleiner Stufe kneten. Den klebrigen Teig mithilfe der Teigkarte auf eine **mehlierte** Arbeitsfläche setzen. Mit der Teigkarte einige Minuten bearbeiten, indem er immer gut hochgezogen wird, damit Luft hineinkommt. Der Teig wird dann immer besser und schön geschmeidig. Zum Schluss kann man noch einmal 1 EL **Mehl** daraufgeben und den Teig mit der Teigkarte zu einer sehr weichen Kugel formen.

3 Eine gut verschließbare Schüssel mit **Mehl** ausstäuben und den Teig hineinsetzen. Verschließen, damit der Teig nicht antrocknet. An einen warmen und zugluftfreien Ort stellen. Der Teig soll nun 1 Stunde ruhen. Dann erneut auf die **mehlierte** Arbeitsfläche geben und kurz mit der Teigkarte bearbeiten. Behutsam zu einer Kugel formen, damit die Luftblasen erhalten bleiben, und in den Gärkorb oder die Schüssel setzen. Mit einem Küchentuch abdecken und dann warm und zugluftfrei 1 weitere Stunde gehen lassen.

4 Den Backofen 15 Minuten auf 240 °C Umluft vorheizen und gleich zu Beginn eine feuerfeste Schale mit heißem Wasser auf den Boden stellen sowie ein Backblech auf der mittleren Schiene einsetzen. Dann das Backpapier auf das Blech ziehen und das Brot aus dem Gärkorb oder der Schüssel über Kopf zügig auf das Blech gleiten lassen. Das Brot 25–27 Minuten knusprig backen.

Mehr Brot-Rezepte ab Seite 80.

Quark-Dinkelbrötchen mit Knusperboden

Zubereitungszeit: 15 Minuten, Backzeit: 30 Minuten

Für 9 Stück

200 g Magerquark
1 Ei
1 TL Salz
200 g Dinkelmehl Type 630
50 g Buchweizenmehl
1 TL Weinsteinbackpulver
50–60 g gemischte Kerne (z. B. von Sonnenblumen und Kürbis)

1 Alle **Zutaten** mit 50 ml lauwarmem Wasser in die Rührschüssel geben. Mit dem **Knethaken** der Küchenmaschine erst auf kleiner Stufe, dann auf der mittleren Stufe jeweils circa 1 Minute zu einem homogenen Teig verarbeiten. Den Teig aus der Schüssel nehmen und auf der Arbeitsfläche kurz mit den Händen durcharbeiten. In neun gleich große Stücke teilen und zu kleinen Kugeln formen.
2 Die **Kerne** auf einem Teller verteilen. Teigkugeln bis zur Hälfte in kaltes Wasser tauchen und dann mit der feuchten Seite in die Kerne drücken. Den Backofen auf 200 °C Umluft vorheizen. Ein Backblech mit Backpapier auslegen.
3 Teigkugeln mit der Kernseite nach unten auf das Backblech geben und im Ofen circa 30 Minuten backen.

Warm und frisch servieren. Die Brötchen lassen sich gut einfrieren und wieder aufbacken.

Mehr Brot-Rezepte ab Seite 80.

Kürbisterrine mit gebratenen Kräuterseitlingen

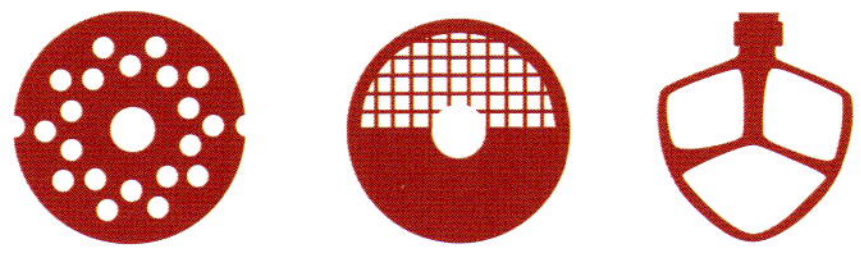

Zubereitungszeit: 25 Minuten, Backzeit: 130 Minuten, Kühlzeit: 12 Stunden

Für 8 Portionen

1,4 kg Hokkaido-Kürbis, gewaschen und entkernt
Meersalz
schwarzer Pfeffer aus der Mühle
60 ml Olivenöl plus etwas zum Braten
3 Knoblauchzehen, halbiert
3 Zweige Rosmarin
100 g Toastbrot, entrindet
1 rote Chilischote, entkernt und fein geschnitten
6 Eier (Größe L)
200 g Schmand
5–6 EL Kürbiskerne
2 Kräuterseitlinge

1 Kastenform (30 × 10 cm)

1 Den Backofen auf 200 °C Umluft vorheizen. 1 kg **Kürbis** in grobe Stücke schneiden und mit **Salz** und **Pfeffer** würzen. **Olivenöl, Knoblauch** und **Rosmarin** zugeben und gut vermengen. Auf ein tiefes, mit Backpapier ausgelegtes Backblech geben und im Ofen 40 Minuten garen.

2 Die Masse 15 Minuten abkühlen lassen und durch die **feine Scheibe** des **Fleischwolfs** der Küchenmaschine drehen. Zuletzt das **Toastbrot** in das Fett im Backblech tunken und durch den Fleischwolf direkt in die Rührschüssel drehen.

3 Restlichen **Kürbis** mit dem **Würfeleinsatz** zerkleinern. In einer Pfanne mit **Olivenöl** anbraten, mit **Salz** und **Chili** würzen. In die Rührschüssel geben und mit **Eiern** und **Schmand** mit dem **Flachrührer** auf mittlerer Stufe gut vermengen. Mit **Salz** und **Pfeffer** abschmecken und in die mit Backpapier ausgekleidete Kastenform füllen.

4 Den Backofen auf 160 °C Ober/-Unterhitze vorheizen. Kastenform für 80–90 Minuten hineinschieben. Die Masse sollte am Ende gut durchgegart sein. Eventuell einen Gartest machen: Eine hineingestochene Stricknadel oder ein Holzspieß muss nach dem Herausziehen trocken sein. In der Form auskühlen lassen, am besten über Nacht im Kühlschrank. Dann stürzen.

5 Für den Belag die **Kürbiskerne** ohne Fett in der Pfanne rösten. **Kräuterseitlinge** der Länge nach in Scheiben schneiden und in einer Pfanne in **Öl** auf beiden Seiten braten. Leicht abkühlen lassen, auf die Terrine legen und mit **Meersalz** und **Kürbiskernen** bestreuen.

Mehr Terrinen-Rezepte ab Seite 116.

Gemüsekuchen vom Blech mit Rosmarin-Peperoni-Streuseln für die ganze Familie

Zubereitungszeit: 25 Minuten, Backzeit: 28 Minuten

Für 1 Blech

Streusel

140 g Weizenmehl Type 405 oder 550
70 g kalte Butter, in kleine Stücke geschnitten
2 Zweige Rosmarin, Nadeln abgezupft und fein gehackt
2 grüne Chilischoten, entkernt und fein geschnitten
1 Knoblauchzehe, geschält und fein gewürfelt
1 TL grobes Meersalz (am besten Fleur de Sel)

Füllung

200 g grüne Bohnen, geputzt, gewaschen und in circa 2 cm lange Stücke geschnitten
Meersalz
300 g Hokkaido-Kürbis, gewaschen und entkernt
150 g rote Paprikaschote, gewaschen und entkernt
150 g gelbe Paprikaschote, gewaschen und entkernt
150 g gelbe Zucchini, gewaschen
2 EL Kokosöl oder Rapsöl
schwarzer Pfeffer aus der Mühle
120 g Bergkäse, gerieben

Blätterteig

1 Rolle Blätterteig (270 g; aus dem Kühlregal)
200 g Frischkäse

1 Für die Streusel alle **Zutaten** zu einer krümeligen Masse verarbeiten. Bis zur Verwendung kalt stellen.

2 Für die Füllung die **Bohnen** 3–4 Minuten in kochendes **Salzwasser** geben. Auf ein Sieb geben, mit kaltem Wasser gut abspülen, abtropfen lassen. Den **Kürbis** mit der **Scheibenschneidereibe** in dünne Scheiben schneiden. Das restliche **Gemüse** klein würfeln. Eine große Pfanne erhitzen, das **Öl** hineingeben und heiß werden lassen. Das Gemüse mit Ausnahme der Bohnen 4 Minuten anbraten. Dann die Bohnen hinzugeben, alles gut vermengen und mit **Salz** und **Pfeffer** würzen.

3 Für den Blätterteig die **Blätterteigrolle** aus der Verpackung nehmen und 3–4 Minuten Temperatur annehmen lassen, sonst bricht der Teig. Vom Papier lösen, umgedreht auf ein mit Backpapier ausgelegtes Blech legen und die Teigränder etwas einrollen. Den **Frischkäse** gleichmäßig auf dem Teig verteilen. Für 10–15 Minuten in den Kühlschrank stellen.

4 Den Backofen auf 200 °C Umluft vorheizen. Das Gemüse auf dem Blätterteig verteilen, den **Bergkäse** aufstreuen und gleichmäßig die Streusel darübergeben. 25–28 Minuten backen. Herausnehmen und heiß servieren.

Vanille-Mascarpone-Schnitte mit frischen bunten Beeren

Zubereitungszeit: 25 Minuten, Kühlzeit: 15 Minuten

Für 6–8 Portionen

Himbeercoulis
100 g frische oder TK-Himbeeren
2 ½ EL Zucker

Boden
1 heller oder dunkler kantiger Biskuitboden
(Rezepte Seiten 54 und 55, halbe Menge)
250 g Mascarpone
250 g Sahne
Mark von 1 Vanilleschote
70 g Zucker
350 g frische gemischte Beeren

1 Spritzbeutel mit Wellentülle

1 Für das Himbeercoulis die **Beeren** mit **Zucker** aufkochen und 1 Minute köcheln lassen. Durch ein kleines Sieb passieren und auskühlen lassen.

2 Ein kleines Backblech mit Backpapier auslegen. Aus dem **Biskuit** zwei Streifen von circa 15 × 30 cm schneiden und auf das Blech legen.

3 Den **Mascarpone** mit **Sahne, Vanille** und **Zucker** in eine Rührschüssel geben und mit dem **Schneebesen** der Küchenmaschine erst auf kleiner Stufe anschlagen. Dann langsam bis auf eine mittlere Stufe hochschalten und so lange schlagen, bis eine cremig-feste Konsistenz entstanden ist.

4 Die Creme in den Spritzbeutel füllen und die Hälfte auf die erste Biskuitlage spritzen. Nun die Hälfte vom Himbeercoulis darauf verteilen und die zweite Biskuithälfte darauflegen. Mit der restlichen Creme ausdekorieren. Restliches Himbeercoulis darauf verteilen und die gemischten **Beeren** daraufsetzen. 15 Minuten kalt stellen und servieren. Kann auch einen Tag im Voraus vorbereitet werden.

Mehr Kuchen-Rezepte ab Seite 150.

Klassisch heller Biskuitteig

Zubereitungszeit: 8 Minuten, Backzeit: 35 Minuten (runde Form), 20 Minuten (Blech)

Biskuitboden
Für 1 dickeren runden Boden (ø 24–26 cm) oder 2 flache kantige Böden

6 Eier (Größe L)
150 g feiner Zucker
50 g Butter, geschmolzen
180 g Weizenmehl Type 405, gesiebt
1 Pck. Backpulver
1 Prise Salz

1 Die **Eier** mit dem **Zucker** in die Rührschüssel geben. Mit dem **Schneebesen** auf kleiner Stufe beginnen. Nun nach und nach bis zur höchsten Stufe hochschalten und dann 5–6 Minuten laufen lassen, bis man eine helle, schaumige Eiermasse hat. **Butter** auf kleiner Stufe einlaufen lassen. Das **Mehl** mit **Backpulver** und **Salz** mischen und löffelweise in die Masse geben.

2a Backen in runder Form: Den Backofen auf 180 °C Ober/-Unterhitze vorheizen. Den Teig in die mit Backpapier ausgelegte Form geben und 35 Minuten backen. Auf einem Kuchengitter 10 Minuten abkühlen lassen, dann aus der Form nehmen und ganz auskühlen lassen.

2b Backen auf Blechen: Den Backofen auf 180 °C Ober/-Unterhitze vorheizen. Zwei Bleche mit Backpapier auslegen. Den Biskuitteig aufstreichen und die Bleche nacheinander 17–20 Minuten backen. Nach dem Backen den Boden mit dem Backpapier vom Blech ziehen und das Papier sofort entfernen. Den Biskuit ohne Papier wieder auf das Blech ziehen.

Schokoladenbiskuit und Matcha-Boden

Zubereitungszeit: 8 Minuten, Backzeit: 35 Minuten (runde Form), 20 Minuten (Blech)

Biskuitboden
Für 1 dickeren runden Boden (ø 24–26 cm) oder 2 flache kantige Böden

6 Eier (Größe L)
150 g feiner Zucker
50 g Butter, geschmolzen
180 g Weizenmehl Type 405, gesiebt
1 Pck. Backpulver
1 Prise Salz

Schokoladenbiskuit
2 EL Backkakao

Matcha-Boden
1 EL Matcha-Tee

Für den Schokoladenbiskuit 2 EL **Backkakao** ins Mehl des Grundrezepts (siehe linke Seite) sieben.

Für den Matcha-Boden 1 EL **Matcha-Tee** mit den Eiern verschlagen und in das Grundrezept des Biskuitteigs (siehe linke Seite) zugeben.

Tipp: Ich backe immer ein volles Rezept und friere den nicht benötigten Biskuit ein. Das geht prima und der Biskuitteig wird nicht trocken. Die Abschnitte vom Biskuit kann man auch gut zerkleinern und mit flüssiger Schokolade vermengen. Dann in eine Form pressen, durchkühlen lassen und in kleine Stücke schneiden. Ergibt ein süßes Naschwerk.

Erdbeerparfait mit Erdbeersalat

Zubereitungszeit: 25 Minuten, Kühlzeit: 6–12 Stunden

Für 6 Portionen

Parfait
4 Eier (Größe M)
200 g feiner Zucker
1 Prise Salz
250 g Erdbeeren, fein püriert
50 g Minibaiser, grob zerkleinert
125 g Sahne, sehr steif geschlagen
100 g Bitterschokolade (70 %)

Erdbeersalat
400 g frische Erdbeeren, geputzt
40 g feiner Zucker
20 g Orangenlikör (circa 2 EL)
Mark von 1 Vanilleschote
3 Zweige Minze, Blättchen abgezupft

1 Savarinform (ø 24–26 cm) oder Gugelhupfform

1 Für das Parfait die Savarinform in den Gefrierschrank stellen. **Eier, Zucker** und **Salz** mit dem **Schneebesen** zu einer leichten, cremigen Masse schlagen. Die pürierten **Erdbeeren** zugeben und weitere 2 Minuten mit dem Schneebesen schlagen. Nun die **Baiserbröckchen** und die geschlagene **Sahne** mit dem Handschneebesen unter die Masse ziehen. In die kalte Form füllen und mindestens 6 Stunden, am besten über Nacht in den Tiefkühler stellen.
2 Die Servierplatte in den Tiefkühler stellen. Eine große Schüssel mit warmem Wasser bereithalten und das Parfait aus dem Gefrierschrank nehmen. Zum Stürzen die Form bis zum Rand ins Wasser tauchen, wieder herausheben und leicht schütteln, bis sich der Inhalt vom Rand gelöst hat. Das Parfait auf die kalte Servierplatte stürzen. Erneut 10–15 Minuten ins Gefrierfach geben.
3 Für den Erdbeersalat acht schöne **Erdbeeren** zur Seite legen. Restliche Früchte in Stücke schneiden. Mit **Zucker, Orangenlikör, Vanille** und **Minze** aromatisieren und zur Seite stellen (nicht kühlen).
4 Die **Schokolade** in einer Schüssel auf dem Wasserbad schmelzen. Das Parfait aus dem Gefrierfach nehmen und mit etwas Schokolade verzieren. Für 2 Minuten zurück in den Gefrierschrank stellen. Zurückgelegte **Erdbeeren** zur Hälfte in die Schokolade tauchen und 2 Minuten in den Gefrierschrank stellen. Schokoladenreste gegebenenfalls anderweitig verwenden. Das Parfait aus der Kühlung nehmen. In die Mitte den Erdbeersalat geben und darauf die Schokoladenerdbeeren setzen.

Gourmetfreuden

Die raffinierte Küche

Selbst gemacht einfach eine Delikatesse: frische Pasta

Ich hoffe aufrichtig, die empfindliche italienische Seele nicht in ihrem Stolz zu verletzen, wenn ich jetzt behaupte: Pasta – ein Kinderspiel, die kann jeder! Wenn überhaupt ein historisches Ereignis für sich in Anspruch nehmen darf, auf angenehmste Weise die Welt erobert und dabei zur Völkerverständigung beigetragen zu haben, dann ist es die Verbreitung von italienischen Nudelgerichten. Eine gute Pasta zuzubereiten, ist ein unaufgeregter Vorgang – und je weniger wir dabei unternehmen, umso besser. Sofern wir nicht den Kardinalfehler begehen, durch zu langes Kochen daraus einen Kleister zu machen, bleibt der Vorgang überschaubar. Danach etwas Olivenöl, ein wenig Salz, etwas Knoblauch, eine Prise Pfeffer, ein paar frische Kräuter, kurz die Pasta durchschwenken, fertig. Es geht natürlich, wie überall, auch kompliziert, kunstvoll, aufwendig, mühsam, raffiniert und zeitraubend, aber es gibt keinen plausiblen Grund dafür, aus einer gelungenen, fast vollkommenen Beiläufigkeit eine unnötig große Sache zu machen.

Pasta ist per se groß, ist durch die Einfachheit perfekt. Die italienische Küche hat mit diesem Beitrag etwas vollbracht, das sonst nur selten gelungen ist: das pure Vergnügen mit zwei, drei Handgriffen auf den Tisch zu bringen. Chapeau!

Berlingots

Zubereitungszeit: 40 Minuten, Ruhezeit Teig: 1 Stunde

Für 4 Portionen

Füllung
4 Eier, gekocht
2 Bund Rucola, gewaschen und trocken geschleudert
60 g Parmesan, gerieben
250 g Ricotta

Nudelteig
300 g Pastamehl oder 150 g Weizenmehl Type 405 und
150 g Hartweizengrieß plus etwas zum Bearbeiten
100 g Eigelb (von circa 5 Eiern)
60 g Eiweiß (von circa 2 Eiern)
1 EL Olivenöl
Salz
1 Eiweiß zum Einpinseln der Teigkanten
2 Eier, gekocht und gehackt, und 80 g Parmesan, gehobelt,
zum Anrichten

Würzöl
2 Knoblauchzehen, geschält und in Scheiben geschnitten
Olivenöl
1 Bund Rucola, gewaschen und trocken geschleudert
grobes Meersalz

1 Spritzbeutel

1 Für die Füllung die **Eier** mit der Hälfte von **Rucola** und **Parmesan** in einem elektrischen Zerkleinerer gut durchmixen, bis eine cremige Masse entstanden ist. Mit dem **Ricotta** verrühren und in einen Gefrierbeutel geben. Eine der unteren Spitzen abschneiden, sodass man damit schöne Ricottapunkte spritzen kann.

2 Für den Nudelteig die **Zutaten** mit dem **Flachrührer** auf kleiner Stufe zu einem Teig verarbeiten. Eventuell 1–3 EL Wasser zugeben. Aus der Schüssel nehmen und kurz mit den Händen durchkneten. Zu einer Kugel formen und die Oberseite kreuzförmig einschneiden. In eine kleine Glasschüssel geben, mit Klarsichtfolie gut verschließen und 1 Stunde ruhen lassen.

3 Den Teig halbieren und flach drücken. Durch den **Nudelblattroller** geben, bis die Teile etwa dessen Breite haben. Dafür bei der Position mit großer Öffnung anfangen und bei jedem Durchlauf enger werden. Eventuell etwas **Pastamehl** zum Mehlieren benutzen.

4 Den Teigstrang in circa 20 cm lange Stücke schneiden. Danach jedes Stück so weiterverarbeiten: Die obere Seite dünn mit **Eiweiß** einstreichen. Mit dem Spritzbeutel an einer der Längskanten entlang im Abstand von circa 2 cm haselnussgroße Punkte aufspritzen; die Abstände sollen gleichmäßig und nicht zu dicht sein. Nun das Teigstück von der betupften Längskante her behutsam aufrollen, sodass sich eine 20 cm lange Rolle ergibt. Die Naht leicht andrücken. Ein Rollenende im 45-Grad-Winkel schräg zuschneiden, sodass es zu einer Seite hin spitz zuläuft. Nun mit schräg angesetztem Messer nacheinander Dreiecke abschneiden, die jeweils einen Füllpunkt in der Mitte haben. So weiterarbeiten, bis der Teig komplett verbraucht ist. Die so entstandenen kleinen Pyramiden auf ein mit etwas **Hartweizengrieß** oder **Pastamehl** bestreutes Blech legen, bis alle fertig sind.

5 Für das Würzöl den **Knoblauch** in reichlich **Olivenöl** leicht anrösten. **Rucola** und etwas **Salz** zugeben und kurz angehen lassen.

6 Berlingots für 1–2 Minuten in leicht köchelndes **Salzwasser** geben. Mit einer großen Schaumkelle herausnehmen und sofort zum Würzöl geben. Kurz durchschwenken. Die gehackten **Eier** auf vier Teller verteilen und die Berlingots darauf anrichten. Mit **Parmesan** dekorieren.

Lauwarme Lasagne mit Ratatouillegemüse

Zubereitungszeit: 45 Minuten, Ruhezeit: 1 Stunde

Für 4 Portionen

Nudeln

300 g Pastamehl oder 150 g Weizenmehl Type 405 und 150 g Hartweizengrieß plus etwas zum Bearbeiten
3 Eier (Größe L)
1 EL Olivenöl
3 g Salz
6–8 Zweige Kerbel, Blättchen abgezupft, plus etwas zum Bestreuen

Gemüse

100 g Zwiebeln, geschält
je 1 rote und gelbe Paprikaschote, geviertelt und entkernt
250–280 g Zucchini, gewaschen
250–280 g Aubergine, gewaschen
Olivenöl
3 Knoblauchzehen, geschält und halbiert
gebundener Kräuterstrauß aus 3 Zweigen Thymian, 2 Zweigen Rosmarin und 1 Lorbeerblatt
Meersalz, schwarzer Pfeffer aus der Mühle
2 feste Mozzarellakugeln, gerieben oder mit einem elektrischen Zerkleinerer zerkleinert

1 runder Ausstecher (ø 9–10 cm), runde Ringform (ø 9–10 cm)

1 Für die Nudeln **Mehl** oder **Mehl-Grieß-Mischung, Eier, Olivenöl** und **Salz** mit einem **Flachrührer** auf kleiner Stufe zu einem Teig verarbeiten. Eventuell 1–3 EL Wasser zugeben. Aus der Schüssel nehmen und kurz mit den Händen durchkneten. Zu einer Kugel formen und die Oberseite kreuzförmig einschneiden. In eine kleine Glasschüssel geben, mit Klarsichtfolie gut verschließen und 1 Stunde ruhen lassen.

2 Den Teig halbieren und flach drücken. Eine Hälfte nun mehrfach durch den **Nudelblattroller** geben. Dafür bei der Position mit großer Öffnung anfangen und das Gerät vor jedem neuen Durchwalzen jeweils um eine Position enger stellen, bis schließlich nur noch etwa 1 mm starke Bahnen (meist ein mittlerer Wert) herauskommen. Diese sollen etwa die Breite des Nudelblattrollers haben. Mit der zweiten Hälfte ebenso verfahren.

3 **Hartweizengrieß** oder **Pastamehl** auf das Backblech streuen. Die Teigbahnen nebeneinander auf das Blech legen. Die Hälfte der **Kerbelblätter** jeweils auf eine Längshälfte der Teigbahnen streuen. Jede Bahn für sich längs zusammenklappen und erneut durch die Walze lassen. Dabei mit großer Öffnung beginnen und wieder enger werden, bis wieder etwa 1 mm erreicht ist. Aus den Teigbahnen mit einem Ausstecher Kreise ausstechen.

4 Sobald das Gemüse fast fertig zubereitet ist (siehe unten), **Salzwasser** aufkochen und die Pasta darin gut 1 Minute garen. Herausheben und auf einem feuchten Küchentuch abtropfen lassen. Mit dem Ausstecher wieder auf die Größe im Rohzustand bringen.

5 Für das Gemüse **Zwiebeln, Paprika, Zucchini** und **Aubergine** mit dem **Würfelschneider** in der genannten Reihenfolge klein würfeln, getrennt bereitstellen. Die Zwiebeln in **Olivenöl** mit **Knoblauch** und dem **Kräuterstrauß** anschwitzen, dann die Paprikawürfel zugeben und gleich mit **Salz** und **Pfeffer** würzen. Nun erst die Zucchini und dann die Aubergine zugeben. Eventuell noch etwas **Olivenöl** zufügen und alles würzig abschmecken. Das Ratatouillegemüse sollte nicht länger als 4–5 Minuten köcheln. Das Kräutersträußchen entfernen.

6 Lasagneblätter mit dem Ratatouillegemüse und dem **Mozzarella** mithilfe einer Ringform auf vorgewärmte Teller schichten, mit **Kerbel** bestreuen und servieren.

Ravioli mit Frischkäse-Feigen-Füllung

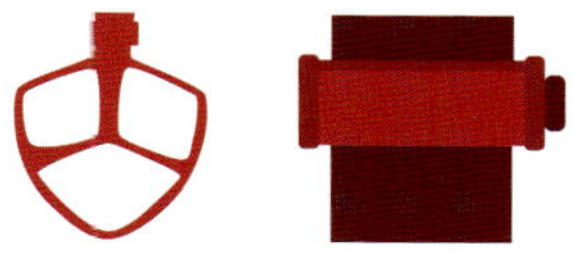

Zubereitungszeit: 45 Minuten, Ruhezeit Teig: 1 Stunde

Für 4 Portionen

Füllung
80 g Frischkäse
1 große Feige
4 Salbeiblätter, klein gehackt
60–80 g Mandelmehl

Nudelteig
300 g Pastamehl oder 150 g Weizenmehl Type 405 und 150 g Hartweizengrieß plus etwas zum Bearbeiten
60 g Eiweiß (von circa 2 Eiern)
100 g Eigelb (von circa 5 Eiern)
1 EL Olivenöl
5 g Salz
1 Eiweiß zum Einpinseln der Teigkanten

Salbeibutter
60–70 g Butter
8–10 Salbeiblätter
60–80 g Mandelblättchen

1 Ravioli-Ausstecher

1 Für die Füllung alle **Zutaten** am besten in einem elektrischen Zerkleinerer zu einer homogenen Masse verarbeiten. Beiseitestellen.

2 Für den Nudelteig die **Zutaten** mit dem **Flachrührer** auf kleiner Stufe zu einem Teig verarbeiten. Eventuell noch 1–3 EL Wasser zugeben. Aus der Schüssel nehmen und kurz mit den Händen durchkneten. Zu einer Kugel formen und die Oberseite kreuzförmig einschneiden. In eine kleine Glasschüssel geben, mit Klarsichtfolie gut verschließen und 1 Stunde ruhen lassen.

3 Den Teig vierteln und flach drücken. Durch den **Nudelblattroller** geben, bis die Teile etwa dessen Breite haben. Dabei mit der großen Öffnung anfangen und bei jedem Durchwalzen enger werden (bis auf circa 1 mm). Gleich groß zuschneiden. Einen Teigstreifen mit etwas verquirltem **Eiweiß** bepinseln. Mit einem Teelöffel kleine Mengen von der Füllung auf den bepinselten Teigstreifen geben. Dabei immer zwei übereinander und zu allen Seiten hin in gleichen Abständen setzen.

4 Mit der anderen Teigplatte abdecken. Dabei darauf achten, dass keine Luftblasen eingeschlossen werden. Mit den Fingern den Teig gut um die Füllung herum andrücken und mit der flachen Rückseite eines Ravioli-Ausstechers oder einer anderen etwa briefmarkengroßen, flachen Fläche den Teig zusammendrücken. Mit dem Ausstecher ausstechen und mit dem restlichen Teig auch so verfahren.

5 Für die Salbeibutter die **Butter** in einer Pfanne mit den **Salbeiblättern** und den **Mandelblättchen** erhitzen, bis sie anfängt zu bräunen.

6 Die Ravioli 1 Minute in kochendes **Salzwasser** geben, mit einer großen Schaumkelle herausheben und in die Butter geben. Durchschwenken und heiß servieren.

Pfaffentäuscher mit Salsiccia

Zubereitungszeit: 35 Minuten, Ruhezeit Teig: 1 Stunde

Für 4 Portionen

Nudeln

200 g Pastamehl oder 100 g Weizenmehl Type 405 und
100 g Hartweizengrieß plus etwas zum Bearbeiten
3 Eigelb (Größe L)
1 Ei (Größe L)
½ TL Salz
1 TL Olivenöl
1 Eiweiß zum Einpinseln, leicht verquirlt

Salsiccia

2 rote Zwiebeln, in Ringe geschnitten
Olivenöl zum Braten
8–10 scharfe Salsiccia (circa 400 g), die Haut abgezogen und
klein gebröckelt
1 rote Paprikaschote, entkernt und gewürfelt
5–7 Zweige glatte Petersilie, Blättchen abgezupft und gehackt

1 Für die Nudeln die **Zutaten** mit dem **Flachrührer** auf kleiner Stufe zu einem Teig verarbeiten. Eventuell 1–3 EL Wasser zugeben. Aus der Schüssel nehmen und kurz mit den Händen durchkneten. Zu einer Kugel formen und die Oberseite kreuzförmig einschneiden. In eine kleine Glasschüssel geben, mit Klarsichtfolie gut verschließen und 1 Stunde ruhen lassen.

2 Den Teig vierteln und flach drücken. Durch den **Nudelblattroller** geben, bis die Teile etwa dessen Breite haben. Dabei mit der großen Öffnung beginnen und bei jedem Durchwalzen enger werden (bis auf circa 1 mm). Aus den Bahnen Quadrate von circa 6 cm Seitenlänge schneiden.

3 Zwei gegenüberliegende Ecken eines Quadrats mit **Eiweiß** bestreichen, hochklappen, zusammendrücken. Einen Zeigefinger ausgestreckt in die entstandene Öffnung legen und krümmen, sodass die beiden freien Ecken nach unten gedrückt werden, bis sie sich fast berühren. Nun den Finger vorsichtig herausziehen, die beiden Ecken ebenfalls mit Eiweiß bestreichen und zusammendrücken, wobei ein Ring entsteht. Die Nudeln sehen nun aus wie Cappelletti, nur ohne Füllung. Die Nudeln auf ein mit **Hartweizengrieß** oder **Pastamehl** bestreutes Blech legen. 30 Minuten trocknen lassen, dann behalten sie schön die Form.

4 Für die Salsiccia die **Zwiebelringe** in **Olivenöl** auf mittlerer Temperatur gut anschwitzen und dann in eine Schüssel geben. In der gleichen Pfanne die **Salsiccia** und die **Paprika** anbraten, bis sich schöne Röstaromen ergeben. Eventuell noch etwas **Olivenöl** zufügen und die **Petersilie** zugeben.

5 Die Nudeln 1 Minute in kochendes **Salzwasser** geben. Abgießen und gleich mit der gebratenen Salsiccia und den Zwiebeln servieren.

Rigatoni mit Friarielli

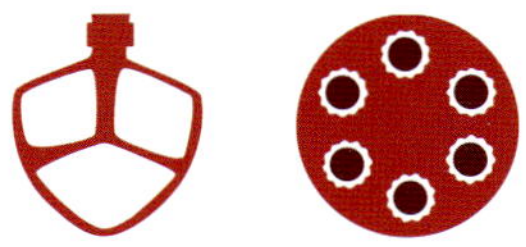

Zubereitungszeit: 30 Minuten, Ruhezeit Teig: 1 Stunde

Für 4 Portionen

Nudeln

310 g Pastamehl oder 155 g Weizenmehl Type 405 und
155 g Hartweizengrieß plus etwas zum Bearbeiten
3 Eier (Größe L)
1 EL Olivenöl
3 g Salz

Gemüse

2 Stauden Friarielli (alternativ ½ Strunk Rübstiel bzw. Stielmus)
Meersalz
2 Knoblauchzehen, geschält und gehackt
6–8 Sardellenfilets, abgespült und gehackt
6–8 EL Olivenöl
italienischer Hartkäse, gerieben

1 Für die Nudeln alle **Zutaten** mit dem **Flachrührer** der Küchenmaschine auf kleiner Stufe zu einem Teig verarbeiten. Eventuell noch 1–3 EL Wasser zugeben. Aus der Schüssel nehmen und kurz mit den Händen durchkneten. Zu einer Kugel formen und die Oberseite kreuzförmig einschneiden. In eine kleine Glasschüssel geben, mit Klarsichtfolie gut verschließen und 1 Stunde ruhen lassen.

2 Den Teig in vier Stücke teilen und kurz in **Pastamehl** wälzen. Durch den **Röhrennudelvorsatz** mit **Rigatoni-Einsatz** drehen. In der gewünschten Länge abschneiden und auf ein mit **Hartweizengrieß** oder **Pastamehl** bestreutes Blech legen.

3 Für das Gemüse die **Friarielli** waschen und gut abtropfen lassen. Die Blätter von den Gemüsezweigen abschneiden, die Blütenstände herausschneiden (sehen aus wie Brokkoli) und die Blätter grob zerkleinern. Die groben Zweige entfernen. Einen großen Topf mit **Salzwasser** aufkochen.

4 Die Blätter und die Blütenstände im Salzwasser kurz ankochen (anschließend nicht weggießen), sofort ins Eiswasser heben und anschließend auf einem Sieb abtropfen lassen. Den **Knoblauch** mit den **Sardellen** in **Olivenöl** anschwitzen. Das Gemüse zugeben, mit anschwitzen und dann die Temperatur auf kleine Stufe reduzieren.

5 Das Salzwasser wieder aufkochen und die Nudeln gut 1 Minute darin garen. Abgießen und gut abgetropft zum Gemüse geben. Alles gut durchschwenken und mit geriebenem **Hartkäse** servieren.

Tipp: Zu den ersten Frühjahrsboten aus dem Süden zählen die Friarielli, ein Zweigekohl. So heißen die (meist noch geschlossenen) Blütenstände der Cime di Rapa. Sie ist mit Stielmus beziehungsweise Rübstiel verwandt, den man ersatzweise verwenden kann, wenn keine Friarielli zu haben sind.

Spaghetti mit Trüffelpesto

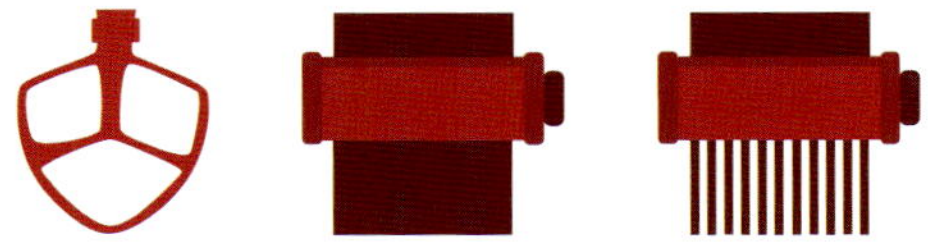

Zubereitungszeit: 40 Minuten, Ruhezeit Teig: 1 Stunde

Für 4 Portionen

Trüffelpesto
100 g Pinienkerne
100 g Asia-Trüffeln
50 g Parmesan, gerieben
70 ml Trüffelöl
70 ml Olivenöl
Meersalz
schwarzer Pfeffer aus der Mühle
40 ml guter Aceto balsamico

Nudeln
300 g Pastamehl oder 150 g Weizenmehl Type 405 und 150 g Hartweizengrieß plus etwas zum Bearbeiten
3 Eier (Größe L)
1 EL Olivenöl
3 g Salz
einige Salbeiblättchen zum Dekorieren

1 Die **Pinienkerne** in einer Pfanne ohne Fett anrösten, bis sie goldbraun sind. Auskühlen lassen. **Trüffeln** mit den Pinienkernen am besten im elektrischen Zerkleinerer gleichmäßig mahlen. Die Masse mit **Parmesan, Trüffel-** und **Olivenöl** gut vermengen und mit **Salz** und **Pfeffer** abschmecken. Zuletzt den **Balsamico** einrühren – er hebt den flachen Geschmack der Trüffeln.

2 Für die Nudeln alle **Zutaten** mit dem **Flachrührer** auf kleiner Stufe zu einem Teig verarbeiten. Eventuell 1–3 EL Wasser zugeben. Aus der Schüssel nehmen und kurz mit den Händen durchkneten. Zu einer Kugel formen und die Oberseite kreuzförmig einschneiden. In eine kleine Glasschüssel geben, mit Klarsichtfolie gut verschließen und 1 Stunde ruhen lassen.

3 Den Teig halbieren und flach drücken. Eine Hälfte nun mehrfach durch den **Nudelblattroller** geben. Dabei bei der größten Öffnung anfangen und das Gerät vor jedem Durchwalzen jeweils um eine Position enger stellen, bis schließlich ein etwa 1 mm starker Teig herauskommt. Wer die Pasta dicker mag, beendet das Durchwalzen früher. Es sollen gleichmäßige Teigbahnen entstehen. Teigstücke auf die gewünschte Länge zuschneiden. Mit der anderen Hälfte ebenso verfahren. Zuletzt die Bahnen durch den **Spaghettischneider** geben. **Hartweizengrieß** oder **Pastamehl** auf das Backblech streuen. Die rohe Pasta bis zum Kochen auf das Blech legen.

4 **Salzwasser** aufkochen. Die Nudeln darin gut 1 Minute garen. Abgießen und heiß auf vorgewärmte Teller geben. Das Pesto daraufgeben. Mit **Salbeiblättchen** dekorieren.

Tipp: Pesto lässt sich mit Olivenöl bedeckt gut verschlossen in einem Glas ein paar Wochen im Kühlschrank aufbewahren.

Rot-weiße Bandnudeln mit Ofentomatensauce

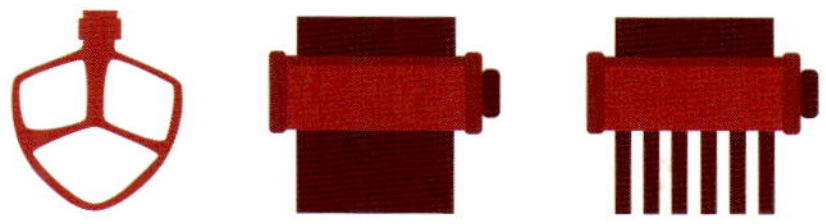

Zubereitungszeit: 45 Minuten, Ruhezeit Teig: 1 Stunde; für 4 Portionen

Tomatensauce
5 EL Zucker
600 g kleine Tomaten (am besten Tasty Tom)
je 2 Zweige Rosmarin und Thymian plus etwas zum Dekorieren
4 Knoblauchzehen, geschält und halbiert
Meersalz
schwarzer Pfeffer aus der Mühle
Olivenöl
120–150 g italienischer Hartkäse, gerieben

weißer Nudelteig
200 g Pastamehl oder 100 g Weizenmehl Type 405 und
200 g Hartweizengrieß plus etwas zum Bearbeiten
3 Eigelb (Größe L)
1 Ei (Größe L)
½ TL Salz
1 TL Olivenöl

roter Nudelteig
220 g Pastamehl oder 110 g Weizenmehl Type 405 und
110 g Hartweizengrieß
3 Eigelb (Größe L)
1 Ei (Größe L)
½ TL Salz
1 TL Olivenöl
50 g Tomatenmark
Olivenöl oder Butter zum Schwenken

1 Für die Tomatensauce die Grillfunktion des Backofens auf Stufe 3 vorheizen. Ein Backblech mit Backpapier auslegen und den **Zucker** darauf verteilen. Die **Tomaten** waschen, den Strunk herausschneiden, halbieren und mit der Schnittseite nach unten auf das Blech legen. Das Blech für 5–7 Minuten ins obere Drittel des Ofens schieben, bis sich die Tomatenhaut anhebt. Herausnehmen.

2 Backofen auf 220 °C Umluft stellen. Mit einem kleinen Messer die Haut von den Tomaten ablösen. **Kräuter, Knoblauch, Salz** und **Pfeffer** daraufgeben und mit **Olivenöl** begießen. Zurück in den Ofen schieben – jetzt auf die mittlere Schiene – und 20–22 Minuten garen. Zwischendurch die Tomaten einmal wenden. Wenn der Zucker anfängt zu karamellisieren, Tomaten herausnehmen. Kräuter und Knoblauch entfernen. Tomaten mit dem Saft in eine Schüssel geben und mit einer Gabel zerkleinern. So erhält man eine ganz reine, wohlschmeckende Tomatensauce.

3 Für die beiden Nudelteige die **Zutaten** für den weißen und die für den roten nacheinander verwenden. Mit dem **Flachrührer** alle Zutaten auf kleiner Stufe zu einem Teig verarbeiten. Eventuell 1–3 EL Wasser zugeben. Aus der Schüssel nehmen und kurz mit den Händen durchkneten. Zu einer Kugel formen und die Oberseite kreuzförmig einschneiden. In eine kleine Glasschüssel geben, mit Klarsichtfolie gut verschließen und 1 Stunde ruhen lassen.

4 Den Teig halbieren und flach drücken. Kurz so ausrollen, dass die Teigbahnen etwa die Breite der Walze haben. Erst den weißen und dann den roten Teig durch den **Nudelblattroller** geben. Dafür bei der Position mit der großen Öffnung anfangen und bis auf etwa 1 mm reduzieren.

5 Wenn alle Teigstücke durchgewalzt sind und etwa die Breite des Nudelblattrollers haben, eine rote Teigbahn auf die weiße Teigbahn legen. Mit einem Messer oder einem Teigrad die Seiten sauber schneiden, sodass beide Platten die gleiche Größe haben. Leicht andrücken und erneut durch den Nudelblattroller lassen. Dabei bei weiter geöffneter Position anfangen und bis auf 1 mm runterwalzen. Bis 1 mm behalten beide Bahnen sehr schön die Farben, auf den dünneren Positionen vermischen sie sich etwas. Ich liebe sie dünn.

6 Dann die Nudelplatten auf die gewünschte Länge schneiden, mit dem **Bandnudelschneider** durchlassen und auf einem mit **Hartweizengrieß** oder **Pastamehl** bestreutem Blech locker auslegen.

7 Nudeln in kochendes **Salzwasser** geben und 1 Minute garen. Abgießen und in etwas **Olivenöl** oder **Butter** anschwenken. Mit der wunderbaren Sauce servieren und mit **Hartkäse** bestreuen. Mit **Kräutern** dekorieren.

Tipp: Sollten Nudeln übrig bleiben, mit etwas Öl vermengen und gut verschlossen in den Kühlschrank stellen. Sie lassen sich auch noch am nächsten Tag wunderbar aufwärmen.

Schwarz-weiße Bandnudeln mit Seelachs und Safransauce

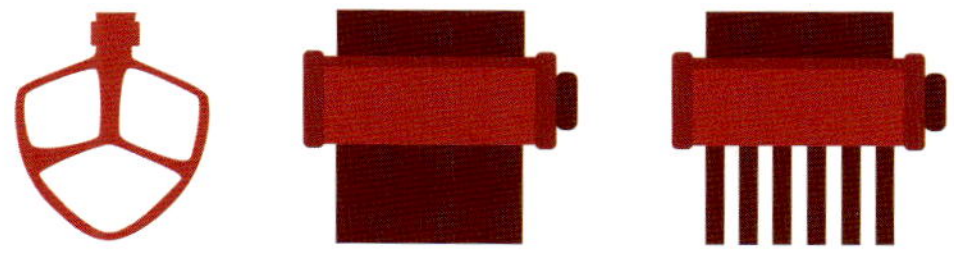

Zubereitungszeit: 45 Minuten, Ruhezeit Teig: 1 Stunde

Für 4 Portionen

weißer Nudelteig
200 g Pastamehl oder 100 g Weizenmehl Type 405 und
100 g Hartweizengrieß plus etwas zum Bearbeiten
3 Eigelb (Größe L)
1 Ei (Größe L)
½ TL Salz
1 TL Olivenöl

schwarzer Nudelteig
200 g Pastamehl oder 100 g Weizenmehl Type 405 und
100 g Hartweizengrieß
3 Eigelb (Größe L)
1 Ei (Größe L)
½ TL Salz
1 TL Olivenöl
2 Pck. Sepiatinte (aus dem Feinkosthandel oder
italienischen Fachgeschäft)
Olivenöl oder Butter zum Schwenken

Sauce
250 g Sahne
2 Prisen Safranfäden
Meersalz
schwarzer Pfeffer aus der Mühle

Fisch
400 g Seelachs, in kleinere Stücke geschnitten
Meersalz
Olivenöl zum Braten
2 gelbe Tomaten, geviertelt,
entkernt, das Fruchtfleisch gewürfelt
1 milde Chilischote, in Ringe geschnitten

1 Für die beiden Nudelteige die **Zutaten** für den weißen und die für den schwarzen nacheinander verwenden. Mit dem **Flachrührer** alle jeweiligen Zutaten auf kleiner Stufe zu einem Teig verarbeiten. Eventuell 1–3 EL Wasser dazugeben. Aus der Schüssel nehmen und kurz mit den Händen durchkneten. Zu einer Kugel formen und die Oberseite kreuzförmig einschneiden. In eine kleine Glasschüssel geben, mit Klarsichtfolie gut verschließen und 1 Stunde ruhen lassen.

2 Den Teig halbieren und flach drücken. Erst den weißen und dann den schwarzen Teig durch den **Nudelblattroller** geben. Dafür auf kleiner Position anfangen und bis auf 1 mm reduzieren.

3 Wenn sämtliche Teigstücke durchgewalzt sind und etwa die Breite des Nudelblattrollers haben, eine schwarze Teigbahn auf die weiße legen. Mit einem Messer oder Teigrad die Seiten sauber schneiden, sodass beide Platten die gleiche Größe haben. Leicht andrücken und erneut durch die Nudelwalze lassen. Dabei bei weiter Position anfangen und bis auf etwa 1 mm reduzieren. Bis zu 1 mm behalten beide sehr schön die Farben, auf den dünneren Positionen vermischen sie sich etwas. Ich liebe sie dünn.

4 Die Nudelplatten auf die gewünschte Länge schneiden. Mit dem **Bandnudelschneider** die Nudelplatten durchlassen und auf einem mit **Hartweizengrieß** oder **Pastamehl** bestreuten Blech locker auslegen.

5 Dann die Nudeln in kochendes **Salzwasser** geben und 1 Minute garen. Abgießen und in etwas **Olivenöl** oder **Butter** anschwenken.

6 Für die Sauce **Sahne** mit **Safran** langsam aufkochen und mit **Salz** und **Pfeffer** würzen.

7 Für den Fisch den Seelachs **salzen** und auf beiden Seiten auf mittlerer Hitze in **Olivenöl** braten. **Tomaten** und **Chili** vorbereiten.

8 Die Nudeln mit Sauce, Fisch, roher **Tomate** und roher **Chili** auf warmen Tellern anrichten.

Orecchiette mit bunten Peperoni und Spinat

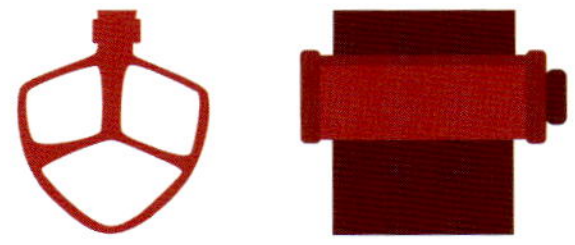

Zubereitungszeit: 40 Minuten, Ruhezeit Teig: 1 Stunde

Für 4 Portionen

Nudeln

300 g Pastamehl oder 150 g Weizenmehl Type 405 und 150 g Hartweizengrieß plus etwas zum Bearbeiten
100 g Eigelb (von circa 5 Eiern)
60 g Eiweiß (von circa 2 Eiern)
1 EL Olivenöl
Meersalz
Parmesanspäne zum Dekorieren

Gemüse

2–3 Knoblauchzehen, in Scheiben geschnitten
je 1 rote, gelbe und grüne milde Peperoni, entkernt und fein geschnitten
Olivenöl
2 Bund Feldspinat, gewaschen und gut abgetropft
3 Stangen Frühlingslauch, in dünne Scheiben geschnitten
Meersalz

1 fester, ungebrauchter Schwamm (lebensmitteltauglich)
1 runder Ausstecher in der Größe einer Daumenkuppe

1 Für die Nudeln die **Zutaten** mit dem **Flachrührer** auf kleiner Stufe zu einem Teig verarbeiten. Eventuell 1–3 EL Wasser zugeben. Aus der Schüssel nehmen und kurz mit den Händen durchkneten. Zu einer Kugel formen und die Oberseite kreuzförmig einschneiden. In eine kleine Glasschüssel geben, mit Klarsichtfolie gut verschließen und 1 Stunde ruhen lassen.

2 Den Teig halbieren und flach drücken. Durch den **Nudelblattroller** geben, bis die Teile etwa dessen Breite haben. Dafür bei weiter Position anfangen und bis auf etwa 0,5 mm reduzieren.

3 Mit dem Ausstecher kleine Teigstücke ausstechen. Nacheinander auf den Schwamm legen und mit dem Zeigefinger etwas hineindrücken. So entstehen ein schönes Muster und die gewünschte Form. Orecchiette auf ein mit **Hartweizengrieß** oder **Pastamehl** bestreutes Blech legen und 1 Stunde leicht trocknen lassen.

4 Für das Gemüse den **Knoblauch** und die **Peperoni** in reichlich **Olivenöl** anschwitzen. Den **Spinat** in dünne Streifen schneiden und mit dem **Frühlingslauch** dazugeben. Mit **Salz** würzen und alles durchschwenken.

5 Die Orecchiette für circa 2 Minuten in einen großen Topf mit kochendem **Salzwasser** geben. Abgießen, kurz abtropfen lassen und dann zum Gemüse geben. Durchschwenken, auf vorgewärmten Tellern mit **Parmesan** anrichten und servieren.

Schon beim Backen unwiderstehlich:
selbst gebackenes Brot

Wir sind verrückt nach Brot, nach gutem Brot, in allen Varianten und jeden Tag. Für Brotteige sind Küchenmaschinen wie geschaffen. Ich persönlich setze sie im Alltag so ein: Zutaten hinein, einschalten, fertig. Dann beginnt die Handarbeit. Es ist der Feinschliff einer samtigen Masse, der mir das größte Vergnügen bereitet, diese Rohlinge mit wenigen Bewegungen zum Leben zu erwecken. Ich knete die Teige nur selten durch. Ich lege sie, forme sie ein wenig, ziehe sie, lege sie wieder und bringe sie erneut in Form. Ich bin mit Teigen sehr vorsichtig und ich behüte sie. Ich decke sie ab, schaue nach, ob es ihnen gut geht, ich stelle sie warm, an einem geschützten Ort. Ich habe bisher in meinem Beruf sehr viel Erfahrung mit Teigen gesammelt und bin mittlerweile in der Lage, durch das Fühlen der Teighaut zu beurteilen, ob alles in Ordnung ist. Das hat mit Spannkraft zu tun, die mir darüber Auskunft gibt, ob der Teigrohling vital ist oder ob er einzuschlafen droht.

Dieses Kapitel widme ich auch den Brotzubereitungen mit langer Teigführung. Manche Teige sollten im Idealfall bis zu 24 Stunden Zeit haben, um sich zu entwickeln. Das hat den Vorteil, dass wir sehr viel weniger Backtriebmittel verwenden müssen. Und ich bin der Ansicht, dass die Brote dadurch bekömmlicher sind, dass sie darüber hinaus eine schönere Kruste entfalten können und der Teigkörper eine gleichmäßigere Porenstruktur ausbildet. Mehr Ruhezeit oder Reifezeit sorgt also für mehr eingebundene Luft. Das bringt einen feineren Geschmack und das Brot wird dadurch haltbarer.

Saatenbrot ohne Mehl und Backtriebmittel

Zubereitungszeit: 20 Minuten, Kühlzeit: 12 Stunden, Backzeit: 60 Minuten

Für 1 Brot

80 g natives Kokosöl oder zerlassenes Gänse- oder Schweineschmalz plus etwas Fett für die Form
150 g Sonnenblumenkerne
40 Cashewkerne
30 g Kürbiskerne
60 g Walnüsse oder Mandeln oder Haselnüsse
80 g Leinsamen
20 g Chiasamen
150 g Sechskornflocken oder Haferflocken oder Dinkelflocken
9 g grobes Meersalz
20 g Ahornsirup oder Honig

1 Kastenform (25 × 11 cm)

1 Die Kastenform mit etwas zerlassenem **Fett** einpinseln und kalt stellen. Alle restlichen **Zutaten** in eine Edelstahlschüssel geben. 350 ml kochendes Wasser und restliches zerlassenes **Fett** zugeben und alles mit dem **Flachrührer** 12–15 Minuten auf kleiner Stufe verrühren. Dann in die gekühlte Kastenform geben, die Masse glatt streichen und mindestens 12 Stunden in den Kühlschrank stellen.

2 Den Backofen auf 175 °C Umluft vorheizen. Das Brot in den Ofen stellen. 20 Minuten backen, wieder herausnehmen, aus der Form lösen und auf einem Backofengitter weitere 40–45 Minuten backen.

Französisches Landbrot

Zubereitungszeit: 15 Minuten, Ruhezeit Teig: 14 Stunden, Backzeit: 27 Minuten

Für 1 Brot

Ansatz
250 g Weizenmehl Type 550 plus etwas Mehl zum Bearbeiten
6 g Fleur de Sel
6 g frische Hefe

Hauptteig
475 g Weizenmehl Type 550
25 g Roggenmehl (gibt eine schöne Farbe)
10 g Fleur de Sel

1 Teigkarte
1 Springform (ø 26–28 cm), mit Mehl bestäubt
1 große verschließbare Schüssel

1 Für den Ansatz die **Zutaten** mit 175 ml kaltem Wasser in die Rührschüssel geben und mit dem **Knethaken** der Küchenmaschine auf kleiner Stufe verkneten. Den Ansatz in eine leicht **mehlierte** Schüssel geben und gut verschließen. Den Teig mindestens 12 Stunden in der Speisekammer oder im kühlen Keller gehen lassen, es darf auch länger dauern.

2 Für den Hauptteig alle **Zutaten** mit 360 ml kaltem Wasser und dem Ansatz in die Rührschüssel geben. Mit dem Knethaken 4–5 Minuten auf kleiner Stufe kneten. Den klebrigen Teig mithilfe der Teigkarte auf eine **mehlierte** Arbeitsfläche setzen. Mit der Teigkarte einige Minuten bearbeiten, indem der Teig immer gut hochgezogen wird, damit Luft hineinkommt. Der Teig wird dann immer besser und schön geschmeidig. Zum Schluss kann man nochmals 1 EL **Mehl** auf den Teig geben und den Teig mit der Teigkarte zu einer sehr weichen Kugel formen.

3 Eine gut verschließbare Schüssel mit **Mehl** ausstäuben. Den Teig hineinsetzen. Verschließen, damit der Teig nicht antrocknet. An einen warmen, zugluftfreien Ort stellen. Der Teig soll 1 Stunde ruhen. Dann erneut auf einer **mehlierten** Arbeitsfläche kurz mit der Teigkarte bearbeiten. Behutsam zu einer Kugel formen, damit die Luftblasen erhalten bleiben, und in die Springform setzen. Mit einem Messer ein Muster in die Oberfläche schneiden, sodass der Teig aufspringen kann. Mit einem Küchentuch abdecken. Warm und zugluftfrei 1 weitere Stunde gehen lassen.

4 Den Backofen 15 Minuten auf 240 °C Umluft vorheizen und eine feuerfeste Schale mit heißem Wasser hineinstellen. Die Springform in den Ofen geben und das Brot 20 Minuten knusprig braun backen. Aus der Form nehmen, umgedreht zurück in den Ofen geben und weitere 5–7 Minuten backen. So wird auch die Unterseite des Brots wunderbar knusprig.

Süßkartoffelbrot

Zubereitungszeit: 25 Minuten, Ruhezeit Teig: 4 ½ Stunden, Backzeit: 30 Minuten

Für 1 Brot

350 g Süßkartoffeln
Salz für das Kochwasser plus 10 g Salz für den Teig
500 g Dinkelmehl Type 630
250 ml Buttermilch
1 Pck. Trockenhefe
1 EL Zucker
1 EL Olivenöl plus etwas Olivenöl zum Einfetten

1 Kastenform (30 × 15 cm)

1 Die **Süßkartoffeln** schälen, in walnussgroße Stücke schneiden und in **Salzwasser** garen. Das Wasser abschütten und die Kartoffeln auf dem Herd ausdämpfen lassen. Noch heiß durch die Kartoffelpresse drücken und leicht auskühlen lassen.

2 Die anderen **Zutaten** in die Rührschüssel geben, die Kartoffeln zugeben und alles mit dem **Knethaken** 5–6 Minuten auf kleiner Stufe durchkneten. Den Teig in der Maschine 30 Minuten abgedeckt ruhen lassen und erneut 2 Minuten durchkneten. Dann in die **eingefettete** Kastenform füllen, mit einem Küchentuch abdecken und 3–4 Stunden an einem warmen Ort gehen lassen.

3 Den Backofen auf 200 °C Umluft vorheizen. Das Brot darin 25–30 Minuten backen. Dann herausnehmen und 5 Minuten in der Form auskühlen lassen. Auf ein Gitter stürzen und vollständig auskühlen lassen.

Sechskornbrot

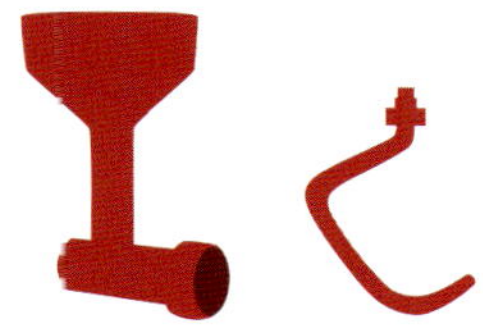

Zubereitungszeit: 20 Minuten, Ruhezeit Teig: 65 Minuten, Backzeit: 45 Minuten

Für 1 Brot

750 g Sechskornmischung
1 Würfel frische Hefe (42 g)
1 EL Ahornsirup oder Honig
24 g Salz
je 2 EL Mehl zum Bearbeiten und zum dekorativen Bestäuben
3 EL Kürbiskerne
1 Eiweiß

1 Springform (ø 28 cm), mit Backpapier ausgelegt
1 Deko-Schablone oder Filzausschnitt zum Aufstäuben, Muster nach Wunsch

1 Die **Körner** mit der **Getreidemühle** direkt fein in die Edelstahlschüssel mahlen. Die **Hefe** in ein Schraubglas bröseln, **Ahornsirup** oder **Honig** und 100 ml warmes Wasser angießen. Verschließen und gut durchschütteln, bis sich die Hefe komplett aufgelöst hat. Den Deckel öffnen und die Hefe 10 Minuten gehen lassen. Mit Körnern und **Salz** sowie 425 ml warmem Wasser in die Schüssel geben. Mit dem **Knethaken** 5–7 Minuten auf kleiner Stufe durchkneten. Dabei die Maschine mit einem sauberen Küchentuch abdecken. Den Teig abgedeckt 20 Minuten in der Schüssel gehen lassen.

2 Den Teig auf kleiner Stufe kurz mit dem Knethaken leicht durchmengen. Mit den Händen auf einer leicht **mehlierten** Arbeitsfläche zu einer Kugel formen. Die **Kürbiskerne** in der Springform verteilen, die Teigkugel daraufsetzen und ein paar Kürbiskerne an die Seiten des Teigs drücken. Mit einem Tuch abgedeckt weitere 35 Minuten gehen lassen.

3 Den Backofen auf 230 °C Umluft vorheizen. Eine feuerfeste Schale mit heißem Wasser auf den Boden des Ofens stellen. Das Brot im Ofen 30–35 Minuten backen. Gleich nach dem Backen aus der Form nehmen und auf einem Kuchengitter leicht auskühlen lassen.

4 Das Brot kurz mit leicht verschlagenem **Eiweiß** einstreichen. Schablone auflegen und darüber mit einem Sieb das **Mehl** fein verteilen. Schablone abnehmen. Das Brot bei 100 °C weitere 10 Minuten backen, so bleibt das Mehl darauf haften. Herausnehmen. Warm oder abgekühlt genießen.

Pariser Baguette

Zubereitungszeit: 25 Minuten, Ruhezeit Teig: 14 ½ Stunden, Backzeit: 20 Minuten

Für 4 Baguettes

Ansatz
250 g Weizenmehl Type 550 plus etwas Mehl zum Bearbeiten
6 g Salz
6 g frische Hefe

Hauptteig
475 g Weizenmehl Type 550
25 g Roggenmehl (gibt eine schöne Farbe)
10 g Salz

1 Teigkarte
1 große verschließbare Schüssel
2 Baguettebleche für je 3 Baguettes oder 1 Blech für 4 Baguettes

1 Für den Ansatz die **Zutaten** mit 175 ml kaltem Wasser in die Rührschüssel geben und mit dem **Knethaken** der Küchenmaschine auf kleiner Stufe zu einer Masse verkneten. Ansatz in eine leicht **mehlierte** Schüssel geben und gut verschließen. Den Teig mindestens 12 Stunden in der Speisekammer oder im kühlen Keller gehen lassen, es darf auch länger dauern.

2 Für den Hauptteig den Ansatz mit 360 ml kaltem Wasser und den restlichen **Zutaten** in die Schüssel geben und mit dem Knethaken 4–5 Minuten auf kleiner Stufe kneten. Den klebrigen Teig mithilfe der Teigkarte auf eine **mehlierte** Arbeitsfläche setzen. Mit der Teigkarte einige Minuten bearbeiten, indem der Teig immer gut hochgezogen wird, damit Luft hineinkommt. Der Teig wird dann immer besser und schön geschmeidig. Zum Schluss kann man nochmals 1 EL **Mehl** auf den Teig geben und den Teig mit der Teigkarte zu einer sehr weichen Kugel formen.

3 Eine gut verschließbare Schüssel mit **Mehl** ausstäuben und den Teig hineinsetzen. Verschließen, damit der Teig nicht antrocknet. An einen warmen und zugluftfreien Ort stellen. Der Teig soll nun 1 ½ Stunden ruhen. Dann erneut auf eine **mehlierte** Arbeitsfläche geben und kurz mit der Teigkarte bearbeiten.

4 Teig in vier oder je nach Art der verwendeten Bleche in sechs gleich große Stücke trennen, die Stücke jeweils zu einem Rechteck ziehen und leicht andrücken. Jetzt von den Längsseiten jeweils zur Mitte einschlagen und leicht andrücken. Dann erneut die Längsseiten zur Mitte schlagen und die Teignaht zusammenzupfen. Mit der Naht nach unten auf die Baguettebleche legen und mit einem scharfen Messer den Teig mehrfach schräg einschneiden. Mit einem Tuch abdecken und 1 weitere Stunde an einem warmen und zugluftfreien Ort gehen lassen.

5 Den Backofen 15 Minuten auf 240 °C Umluft vorheizen. Eine feuerfeste Schale mit heißem Wasser hineinstellen. Die Baguettes auf den Blechen in den Ofen geben und 17–20 Minuten knusprig braun backen. Wenn man sie lieber hell mag, frühzeitig herausnehmen.

Tipp: Die Baguettes lassen sich prima einfrieren.

Ciabatta

Zubereitungszeit: 25 Minuten, Ruhezeit Teig: 27 Stunden, Backzeit: 22 Minuten

Für 4 Brote

Ansatz
175 g Weizenmehl Type 550 plus etwas Mehl zum Bearbeiten
175 g italienisches Mehl Type 00
3 g frische Hefe

Hauptteig
225 g Weizenmehl Type 550
225 g italienisches Mehl Type 00
50 g Olivenöl plus etwas Olivenöl zum Einfetten
16 g Salz
12 g frische Hefe

1 Teigkarte
1 verschließbare Schüssel
2 Backbleche

1 Für den Ansatz alle **Zutaten** mit 180 ml kaltem Wasser in die Rührschüssel geben und mit dem **Knethaken** auf kleiner Stufe zu einer glatten Masse verrühren, bis sich alles gut verbunden hat. In eine leicht **mehlierte** Schüssel geben und gut verschließen. Den Teig in der Speisekammer oder im kühlen Keller mindestens 18–24 Stunden gehen lassen, es darf auch länger dauern.

2 Für den Hauptteig den Ansatz mit den restlichen **Zutaten** und 360 ml kaltem Wasser in die Rührschüssel geben und mit dem Knethaken 4–5 Minuten auf kleiner Stufe kneten. Den Teig mithilfe der Teigkarte auf eine **mehlierte** Arbeitsfläche setzen. Mit der Teigkarte einige Minuten bearbeiten, indem der Teig immer gut hochgezogen wird, damit Luft hineinkommt. Der Teig wird dann immer besser und schön geschmeidig. Zum Schluss kann man nochmals 1 EL **Mehl** auf den Teig geben und den Teig mit der Teigkarte zu einer sehr weichen Kugel formen.

3 Eine gut verschließbare Schüssel mit **Olivenöl** ausreiben und den Teig hineinsetzen. Verschließen, damit der Teig nicht antrocknet. An einen warmen, zugluftfreien Ort stellen. Der Teig soll nun bis zu 2 Stunden ruhen. Dann erneut auf eine **mehlierte** Arbeitsfläche geben und kurz mit der Teigkarte bearbeiten. Mit den Fingerspitzen zu einem Rechteck drücken und dieses in vier gleich große längliche Stücke teilen.

4 Die einzelnen Stücke von den beiden Längskanten jeweils zur Mitte falten und nur leicht andrücken. Mit der Naht nach unten auf Backpapier legen, immer nur zwei Teiglinge pro Blatt. Mit einem Küchentuch abdecken und warm und zugluftfrei 60 Minuten gehen lassen.

5 Den Backofen 15 Minuten auf 240 °C Umluft vorheizen. Eine feuerfeste Schale mit heißem Wasser auf den Boden stellen. Die Ciabatta jetzt wenden, also mit der ursprünglichen Naht nach oben auf das Papier legen. Dabei den Teig mit den Fingern ein bisschen in die Länge und die Breite ziehen. Mit dem Papier auf zwei Backbleche heben, diese in den Ofen schieben. Nach 5 Minuten die Temperatur auf 220 °C Umluft reduzieren. Die Brote 20–22 Minuten backen.

Fougasse

Zubereitungszeit: 20 Minuten, Ruhezeit Teig: 35 Minuten, Backzeit: 14 Minuten

Für 2 Stück

500 g Weizenmehl Type 550 oder
Dinkelmehl Type 630
1 Pck. Trockenhefe
10 g Salz

1 Teigkarte
nach Möglichkeit 2 Brotbacksteine

1 Alle **Zutaten** mit 350 ml warmem Wasser in die Rührschüssel geben und mit dem **Knethaken** 5–7 Minuten auf kleiner bis mittlerer Stufe durchkneten. Teig 20 Minuten ruhen lassen und erneut durchkneten.

2 Teig auf eine leicht **mehlierte** Arbeitsfläche geben. In zwei Stücke teilen. Jedes zu einer Teigkugel rollen, flach drücken und zu einem Dreieck formen. Mit einer Teigkarte oder einem Messer fünf Querschnitte in der Mitte anbringen und diese leicht auseinanderziehen. Leicht mit **Mehl** bestäuben und weitere 15 Minuten gehen lassen.

3 Den Backofen auf 240 °C Umluft vorheizen und die beiden Brotbacksteine mit erhitzen. Oder statt der Brotbacksteine zwei umgedrehte Backbleche (oder Bleche in der normalen Einsteckposition) mit erhitzen. Die Fougasse auf die heißen Steine oder Bleche setzen. 12–14 Minuten nacheinander oder gleichzeitig backen. Eine feuerfeste Schale mit heißem Wasser mit in den Ofen stellen.

Sesam-Milchbrötchen

Zubereitungszeit: 20 Minuten, Ruhezeit Teig: 1 Stunde, Backzeit: 19 Minuten

Für 8 Stück

Teig
500 g Weizenmehl Type 550 plus
etwas Mehl zum Bearbeiten
1 Pck. Trockenhefe
40 g feiner Zucker
10 g Salz
3 Eier (Größe L)
250 ml warme Milch
1 EL Sahne
2 EL helle Sesamsamen

1 Für den Teig **Mehl, Hefe, Zucker, Salz,** 2 **Eier** und die **Milch** in die Rührschüssel geben. Mit dem **Knethaken** 5–6 Minuten auf kleiner Stufe durchkneten. Die Schüssel mit einem Küchentuch abdecken und den Teig 30 Minuten gehen lassen. Erneut kurz mit dem Knethaken durchkneten. Dann auf eine leicht **mehlierte** Arbeitsfläche legen und noch einmal kurz mit den Händen durcharbeiten.

2 Teig in acht Stücke teilen. Diese zu circa 50 cm langen Rollen formen und locker in S-Form mit schneckenartig eingedrehten Enden legen. Teiglinge auf ein mit Backpapier ausgelegtes Blech setzen und 20 Minuten abgedeckt gehen lassen. In der Zwischenzeit den Backofen auf 220 °C Umluft vorheizen. Restliches **Ei** mit der **Sahne** verquirlen und die Teigstücke damit bestreichen. 10 Minuten anziehen lassen und erneut einstreichen. Mit **Sesam** bestreuen.

3 Das Blech in den Ofen schieben. Eine feuerfeste Schale mit heißem Wasser hineinstellen. Nach 5 Minuten die Temperatur auf 200 °C Umluft reduzieren und 12–14 Minuten weiterbacken. Brötchen herausnehmen. Noch leicht warm oder später genießen.

Brioche

Zubereitungszeit: 25 Minuten, Ruhezeit Teig: 6 Stunden, Backzeit: 40 Minuten

Für 8 Stücke

500 g Weizenmehl Type 550 plus etwas Mehl zum Bearbeiten
50 g feiner Zucker
20 g frische Hefe
10 g Salz
7 Eier (Größe L)
250 g kalte Butter, in kleine Würfel geschnitten
Fett für die Kastenform

1 Teigkarte
1 Kastenform (30 × 15 cm)

1 **Mehl, Zucker,** zerbröselte **Hefe** und **Salz** mit 6 **Eiern** in der Rührschüssel mit dem **Knethaken** auf kleiner Stufe für 6–8 Minuten zu einem glatten und glänzenden Teig verrühren. Dann die kalte **Butter** zugeben und den Teig weitere 10 Minuten auf derselben Stufe weiterkneten.

2 Den Teig auf einer leicht **mehlierten** Arbeitsfläche mit einer Teigkarte zu einer Kugel formen. In eine Schüssel geben, mit einem Tuch abdecken und 2 Stunden an einem warmen Ort gehen lassen.

3 Anschließend auf der leicht **mehlierten** Arbeitsfläche mit den Fingern etwas auseinanderdrücken. Die Seiten zur Mitte hin falten und leicht andrücken, sodass der Teig von oben und unten und von den Seiten zur Mitte hin gefaltet ist. Die Teigkugel wenden, zurück in die Schüssel geben und erneut 2 Stunden abgedeckt gehen lassen.

4 Den Teig in acht gleichmäßige Stücke teilen. Jedes mit den Fingern zu einer kleinen Teigkugel formen und in die **eingefettete** Form setzen. Abdecken und weitere 2 Stunden gehen lassen.

5 Den Backofen auf 190 °C Umluft vorheizen. Brioches mit dem restlichen gut verquirlten **Ei** bestreichen. Nach 10 Minuten erneut mit **Ei** bestreichen. Die Form in den Ofen setzen und eine feuerfeste Schale mit heißem Wasser mit hineinstellen. Nach 10 Minuten die Temperatur auf 180 °C reduzieren. Weitere 30 Minuten backen. Werden die Brioches auf der Oberseite zu braun, mit etwas Alufolie abdecken. Aus dem Ofen nehmen und auf einem Kuchengitter abkühlen lassen.

Zupfbrot mit rotem Pesto

Zubereitungszeit: 25 Minuten, Ruhezeit Teig: 1 Stunde, Backzeit: 22 Minuten

Für 1 Brot

22 g frische Hefe
1 EL Palmzucker oder anderer Zucker
500 g Weizenmehl Type 405 plus etwas Mehl zum Bearbeiten
15 g Salz
4–5 EL rotes Pesto für die Füllung
etwas Fett für die Form

1 runde Springform (ø 26–28 cm)

1 **Hefe, Zucker** und 100 ml handwarmes Wasser in ein Schraubglas füllen, verschließen und gut durchschütteln. 10 Minuten ruhen lassen.

2 **Mehl, Salz** und 250 ml handwarmes Wasser in die Rührschüssel geben. Den Hefeansatz zugeben und alles mit dem **Knethaken** 5–6 Minuten auf kleiner Stufe durchkneten. Dabei die Maschine mit einem Küchentuch abdecken. Den Teig in der Maschine 20 Minuten gehen lassen

3 Den Teig erneut kurz durchkneten. Auf einer leicht **mehlierten** Arbeitsfläche zu einem Rechteck von etwa 40 × 50 cm Größe ausrollen. Den Teig mit **Pesto** einstreichen und in acht bis zehn Streifen scheiden. Teigstücke wie eine Ziehharmonika zusammenfalten und in die **gefettete** Form geben. Danach erneut 30 Minuten gut abgedeckt an einem warmen Ort gehen lassen.

4 Den Ofen auf 220 °C Umluft vorheizen. Eine feuerfeste Schale mit heißem Wasser in den Ofen stellen. Die Form in den Ofen geben und das Brot 20–22 Minuten backen.

Pizzaschnecken vom Blech für die große Runde

Zubereitungszeit: 25 Minuten, Ruhezeit Teig: 1 Stunde, Backzeit: 25 Minuten

12–14 Stücke

Teig
500 g Weizenmehl Type 550 plus etwas Mehl zum Bearbeiten
14 g frische Hefe, zerkrümelt
8 g Salz
2 EL Olivenöl

Füllung
500 g Tomatensauce mit Stückchen (Fertigprodukt)
60 g Tomatenmark mit Basilikum
3 Zweige Rosmarin, Nadeln abgezupft und gehackt
3 Zweige Thymian, Blättchen abgezupft und gehackt
100 g Cheddar, gerieben
100 g Gruyère, gerieben
100 g Salami, in dünne Scheiben geschnitten

1 Für den Teig alle **Zutaten** und 280 ml handwarmes Wasser mit dem **Knethaken** der Küchenmaschine oder mit der Hand 4–5 Minuten gut durchkneten, bis ein geschmeidiger Teig entstanden ist. Abgedeckt in der Schüssel 45 Minuten gehen lassen. Teig erneut durchkneten. Auf einer leicht **mehlierten** Arbeitsfläche zu einem Rechteck von 60 × 40 cm Größe ausrollen.

2 Für die Füllung die **Tomatensauce** auf einem Sieb abtropfen lassen. Den Teig mit **Tomatenmark** bestreichen. Die abgetropften Tomatenstücke und die **Kräuter** darauf verteilen und alles mit **Käse** bestreuen. Darauf die **Salami** verteilen. Nun den Teig der Länge nach aufrollen und quer in zwölf bis 14 Stücke schneiden. Die Stücke flach auf ein mit Backpapier ausgelegtes Backblech legen, abdecken und 15 Minuten ruhen lassen.

3 Den Backofen auf 200 °C Umluft vorheizen und eine feuerfeste Auflaufform mit heißem Wasser auf den Herdboden stellen. Die Schnecken für 22–25 Minuten in den Ofen schieben. Sollten sie zu dunkel werden, mit Alufolie abdecken. Heiß aus dem Ofen servieren.

Zwiebelkuchen vom Blech

Zubereitungszeit: 30 Minuten, Kühlzeit: 50 Minuten, Backzeit: 30 Minuten

Für 6–8 Portionen

Teig
400 g Dinkelmehl Type 630
2 große Prisen Meersalz
200 g kalte Butterwürfel
2 Eier (Größe L)
2 Msp. Backpulver
750–1.000 g Backerbsen zum Blindbacken

Füllung
1,2 kg Zwiebeln, geschält
Rapsöl
4 Zweige Rosmarin, Nadeln abgezupft
Meersalz
schwarzer Pfeffer aus der Mühle

Liaison
300 g Sahne
3 Eier (Größe L)
Meersalz
schwarzer Pfeffer aus der Mühle
frisch geriebene Muskatnuss

1 Stabmixer
1 kleines Backblech (25 × 40 cm)
1 Bogen Backpapier, in der Größe des Backblechs zugeschnitten
1 Bogen Backpapier, zu allen Seiten 5 cm größer als das Backblech zugeschnitten

1 Für den Teig alle **Zutaten** mit dem **Knethaken** der Küchenmaschine zu einer Masse verarbeiten. Den Teig mehrmals zum Verdichten auf die Tischplatte werfen. Danach zwischen Klarsichtfolie etwas ausrollen und für 45 Minuten in den Kühlschrank stellen.

2 Für die Füllung die **Zwiebeln** hacken. In einer Pfanne in etwas **Öl** mit den **Rosmarinnadeln** anschwitzen. Mit **Salz** und **Pfeffer** abschmecken und beiseitestellen.

3 Für die Liaison die **Sahne** mit den **Eiern** mit einem Stabmixer durchmixen. Mit **Salz, Pfeffer** und **Muskatnuss** würzen.

4 Teig aus dem Kühlschrank nehmen und 5 Minuten temperieren lassen. Auf einem mit dem kleineren Backpapier ausgelegten Blech etwas größer als das Blech ausrollen. Den Rand hochziehen und den Teig mehrfach mit einer Gabel einstechen. 5 Minuten in das Gefrierfach stellen.

5 Backofen auf 200 °C Umluft vorheizen. Das größere Backpapier auf den Teig legen und gleichmäßig mit den **Backerbsen** beschweren. Circa 16 Minuten backen. Dann aus dem Ofen nehmen und die Backerbsen sowie das obere Papier entfernen.

6 Den Backofen auf 180 °C Umluft einstellen. Die Zwiebeln auf dem Teigboden verteilen und die Liaison gleichmäßig darübergießen. 25–30 Minuten backen. Sollte der Zwiebelkuchen zu dunkel werden, mit etwas Alufolie abdecken. Den Zwiebelkuchen frisch aus dem Ofen auf den Tisch bringen.

Tipp: Anstelle des Mürbeteigs kann man auch Blätterteig aus dem Kühlregal verwenden. Für ein Blech der zu verwendenden Größe benötigt man 1 ½ Päckchen Teig: 1 Päckchen (270 g) für den Boden und den Rest, um den Rand herzustellen.

Nussblume

Zubereitungszeit: 45 Minuten, Ruhezeit Teig: 95 Minuten, Backzeit: 30 Minuten

Für 4–8 Portionen

Teig

22 g frische Hefe
50 g Zucker plus 1 EL für den Teigansatz
250 ml lauwarme Milch
500 g Mehl Type 405 plus etwas zum Bearbeiten
10 g Salz
2 Eier (Größe L)
50 g Butter, in kleine Stücke geschnitten

Füllung

200 g Marzipan
100 g Zucker
2 TL Zimtpulver
100 g Butter
200 g Haselnüsse, gemahlen
50 ml lauwarme Milch

Glasur

100 g helles Gelee, z. B. aus Äpfeln, Quitten oder Wein

1 Für den Teig **Hefe,** 1 EL **Zucker** und 150 ml lauwarme **Milch** in ein Schraubglas füllen, verschließen und gut durchschütteln. 15 Minuten ruhen lassen. Diesen Ansatz mit **Mehl, Salz, Zucker, Eiern, Butter** und restlicher **Milch** in die Rührschüssel geben. Auf kleiner Stufe mit dem **Knethaken** der Küchenmaschine 5–7 Minuten durcharbeiten. Den Teig mit einem Küchentuch abdecken und 20 Minuten ruhen lassen.

2 Für die Füllung je nach Größe des elektrischen Zerkleinerers die **Zutaten** in einem Durchgang oder in mehreren Durchgängen zerkleinern.

3 Hefeteig auf einer **mehlierten** Arbeitsfläche leicht durchkneten. In drei gleich große Stücke schneiden, jedes auf 30–40 cm Durchmesser ausrollen. Das erste Stück auf Backpapier legen und mit der Hälfte der Füllung bestreichen. Zweites Teigstück daraufgeben, mit restlicher Füllung bestreichen und mit dem dritten Teigstück abdecken. Die Schichtung leicht und sanft andrücken. In der Mitte einen runden, 4–5 cm großen Ausstecher oder eine Tasse aufsetzen (nicht eindrücken). Den Teig mit einem Messer vom Rand des Ausstechers bis zur Außenkante erst in Viertel teilen. Jedes Viertel noch einmal teilen und die entstandenen Abschnitte wiederum zur Hälfte durchschneiden, sodass insgesamt 16 Stücke entstehen. Die Stücke sollen wie Finger an einer Hand in der Mitte noch zusammenhängen.

4 Nun alle Finger einzeln dreimal um die eigene Achse drehen, sie dürfen sich aber nicht vom Mittelstück lösen. Dabei immer zwei Finger einander entgegendrehen. Zum Schluss die jeweils zueinander verdrehten Stücke am äußeren Rand leicht zusammendrücken und das Endstück unter den Teig schieben (falten). Die Anmutung einer Knospe soll sich ergeben.

5 Die Nussblume abgedeckt 45–60 Minuten gehen lassen. Den Backofen auf 200 °C Umluft vorheizen. Eine feuerfeste Schale mit heißem Wasser auf den Boden stellen. Das Gebäck für 25–30 Minuten in den Ofen schieben und knusprig braun backen. Herausnehmen.

6 Für die Glasur das **Gelee** erhitzen, verrühren und die heiße Nussblume sofort damit bestreichen. So entsteht ein schöner, bleibender Glanz.

Leckereien im Teigmantel:
feine Pasteten

Pasteten sind besonders. Es ist erstaunlich, dass diese wunderbaren Köstlichkeiten bei uns immer noch ein Mauerblümchendasein fristen. Umso unverständlicher, wenn wir bedenken, dass Pasteten nicht kompliziert in den Rezepturen sind. Vielleicht sind sie etwas zeitaufwendiger in der Zubereitung, aber sie verdienen es, in unsere Speisepläne Einzug zu halten.

Ein großer Vorteil ist die Haltbarkeit, ein weiterer die kreative Zusammenstellung der Zutaten. Pasteten sind für mich die ideale Vorspeise, warm und kalt, oder auch ein vielseitiger Zwischengang. Das große Geheimnis der Aromenopulenz ist in Wirklichkeit ein Kinderspiel: Die Teighülle nimmt die vielfältigen Zutaten auf und der Teigdeckel verschließt das Ganze. Darin entsteht ein grandioses Mikroklima, in dem sich erstaunliche Geschmacksnuancen ausbilden können, die sich beim offenen Garen verflüchtigen würden.

Obwohl die Pasteten durch ihre teils sehr üppigen Verkleidungen bestens dafür geeignet sind, alles Liegengebliebene darin verschwinden zu lassen, möchte ich zumindest diese mittelalterliche Tradition lieber nicht wiederbeleben.

Pasteten werden übrigens schon seit mehr als 3.000 Jahren zubereitet. Der Genuss der attischen Pasteten, deren maßgebliche Rezepturen dem antiken „Starkoch" Epainetos zugeschrieben werden, begann seinen Siegeszug in Athen und eroberte die damalige Welt in Windeseile. Fleisch, Blut, Honig, Essig, Öl, Kräuter und Gewürze wurden akribisch komponiert, von Teig umhüllt, ein wenig verziert und entwickelten sich zum heiß begehrten Imbiss in der antiken Welt.

Fischpastete Elsässer Art

Zubereitungszeit: 45 Minuten, Kühlzeit: 30 Minuten, Backzeit: 30 Minuten

Für 4 Portionen

Teig
150 g Weizenmehl Type 405, gesiebt
150 g kalte Butter, in kleine Stücke geschnitten
½ TL Salz
150 g Quark
Fett für die Formen

Füllung
250 g weißes Fischfilet ohne Gräten und Haut, gut gekühlt
1 Ei (Größe M), getrennt
30 g Sahne, gut gekühlt
Meersalz
schwarzer Pfeffer aus der Mühle
120 g Saiblingsfilet ohne Gräten und Haut, gut gekühlt
4 EL gekochtes Sauerkraut
Öl zum Einfetten

4 Pie-Formen oder kleine Auflaufformen
1 Ausstecher in der Größe einer Zeigefingerkuppe

1 Für den Teig alle **Zutaten** in die Rührschüssel geben und mit dem **Flachrührer** auf kleiner Stufe zu einem Teig verarbeiten. Den Teig aus der Schüssel nehmen und kurz mit den Händen durcharbeiten. Zwischen Klarsichtfolie etwas ausrollen und 30 Minuten kalt stellen. Vier Pie-Formen oder kleine Auflaufformen **einfetten** und für 15 Minuten in die Tiefkühlung stellen.

2 Für die Füllung das weiße **Fischfilet** am besten in einem elektrischen Zerkleinerer pürieren. Das **Eiweiß** zugeben und durchmixen, dann die **Sahne** zugeben und erneut durchmixen. Mit **Salz** und **Pfeffer** abschmecken und kalt stellen. Den **Saibling** in vier Stücke schneiden.

3 Den Teig ausrollen und vier große und vier kleinere Teigkreise ausstechen. Die größeren sollen so groß sein, dass man die Formen damit auslegen kann und der Teig etwas überlappt. Die kleineren sollen die Größe der Formöffnung haben. Mit den größeren die Formen auskleiden und den Teig leicht andrücken. Die Hälfte der Fischmischung hineingeben und am Rand etwas hochziehen. ½ EL **Sauerkraut** jeweils mittig hineinsetzen. Den Saibling darauflegen, andrücken, mit dem restlichen **Sauerkraut** und dann der restlichen Fischmischung abdecken. Den überlappenden Teig auf die Füllung klappen und mit **Eigelb** bestreichen. Mit den kleineren Teigkreisen bedecken und die Ränder gut andrücken. Mit **Eigelb** bestreichen.

4 Mit einem kleinen Ausstecher oder einem kleinen, sehr scharfen Messer in die Mitte der Teigoberfläche je eine fingerdicke Öffnung einarbeiten. Den restlichen Teig erneut ausrollen und nach Belieben Dekore ausstechen. Dekore auf den Teig legen und ebenfalls mit **Eigelb** bestreichen.

5 Backofen auf 200 °C Ober/-Unterhitze vorheizen. Aus Alufolie vier runde, fingerdicke Röhren formen und außen mit **Öl** einfetten. In die Öffnungen als Kamin einsetzen. Die Pies 25–30 Minuten backen. Warm oder kalt servieren.

Karotten-Ricotta-Pastete mit Petersilie und Pfefferminze

Zubereitungszeit: 45 Minuten, Kühlzeit: 45 Minuten, Backzeit: 40 Minuten

Für 4 Portionen

Teig

350 g Weizenmehl Type 405
85 g kalte Butter
70 g Gänse- oder Schweineschmalz
1 Ei (Größe L)
3 Eigelb
50 ml Eiswasser
10 g Salz
1–2 Eigelb zum Bestreichen

Füllung

600 g Karotten, geschält
500 g Ricotta, am besten auf einem Käseleinen
12 Stunden abgetropft
1 milde rote Chilischote, entkernt und gewürfelt
1 Bund Petersilie, Blätter abgezupft und gehackt
5 Zweige Pfefferminze, Blätter abgezupft und gehackt
1 EL Olivenöl
Meersalz
schwarzer Pfeffer aus der Mühle

evtl. kleiner Ausstecher für den Dampfabzug

1 Für den Teig alle **Zutaten** in die Rührschüssel geben und mit dem **Flachrührer** auf kleiner Stufe zu einem geschmeidigen Teig verarbeiten. Aus der Schüssel nehmen und mit den Händen zusammendrücken. Mehrere Mal kraftvoll auf die Arbeitsfläche werfen, damit sich der Teig gut verdichtet. Zwischen Klarsichtfolie zu einem Rechteck ausrollen und mindestens 45 Minuten kalt stellen.

2 Ein Drittel des Teigs abschneiden, zusammenfalten und zwischen Klarsichtfolie in der Breite eines Backblechs oval ausrollen. Auf ein mit Backpapier ausgelegtes Blech legen. Restlichen Teig zusammenfalten und größer als das erste Stück oval ausrollen.

3 **Karotten** durch die **grobe Raspeltrommel** lassen und mit den anderen **Zutaten** vermengen. Mit **Salz** und **Pfeffer** noch einmal abschmecken. Die Masse wie einen runden Brotlaib auf den Teig auf dem Blech legen. Dabei überall einen freien Rand von 4 cm lassen. Den Rand mit **Eigelb** bestreichen. Die zweite Teigplatte faltenfrei darüberlegen. Leicht andrücken und den Teigrand mit einem Messer begradigen. Den Rand erneut leicht einpinseln, nach oben einschlagen, sodass rundum eine Teigwulst entsteht. Für den Dampfabzug mit einem Ausstecher oder einem kleinen, sehr scharfen Messer drei kleine Löcher herstellen. Die Pastete nun komplett mit **Ei** einstreichen. Aus dem restlichen Teig dekorative Muster ausstechen und die Pastete damit verzieren. Ebenfalls mit **Ei** einstreichen. Die Pastete 15 Minuten im Kühlschrank ruhen lassen.

4 Den Backofen auf 200 °C Umluft vorheizen. Die Pastete 35–40 Minuten im Ofen garen, bis sie goldbraun ist und herrlich duftet.

Fleischpastete mit gekochtem Suppenfleisch

Zubereitungszeit: 45 Minuten, Kühlzeit: 30 Minuten, Backzeit: 30 Minuten

Für 4 Portionen

Teig

300 Weizenmehl Type 405, gesiebt
½ TL Backpulver
½ TL feines Meersalz oder Himalayasalz aus Pakistan
80 g kalte Butter, in kleine Stücke geschnitten
1 Ei (Größe M)
125 g saure Sahne
1 EL Sahne
Öl oder Butter zum Einfetten
1–2 Eigelb zum Bestreichen

Füllung

250 g mageres gekochtes Suppen- oder Bratenfleisch
3 Zweige Estragon, Blätter abgezupft
20 Pfefferminzblätter
150 g Crème fraîche
Meersalz
schwarzer Pfeffer aus der Mühle
Öl zum Einfetten

2 Pie-Formen der Größe 6 (6 Inch) oder eine Tarteform mit Hebeboden (ø 22 cm)
1 Ausstecher in Größe einer Zeigefingerkuppe

1 Alle **Zutaten** für den Teig in die Rührschüssel geben. Mit dem **Flachrührer** auf kleiner Stufe zu einem Teig verarbeiten. Den Teig aus der Schüssel nehmen und kurz mit den Händen durcharbeiten. Zwischen Klarsichtfolie etwas ausrollen und 30 Minuten kalt stellen. Zwei Pie-Formen oder eine Tarteform mit Hebeboden **ausfetten** und für mindestens 15 Minuten in den Gefrierschrank stellen.

2 Für die Füllung **Fleischwolfaufsatz** im Kühlschrank gut durchkühlen lassen. Das **Fleisch** mit den **Kräutern** am besten in einem elektrischen Zerkleinerer grob pürieren oder durch die **feine Scheibe** des Fleischwolfs lassen. Mit **Crème fraîche** vermengen und mit **Salz** und **Pfeffer** abschmecken. Kalt stellen.

3 Den Teig ausrollen und für die Pie- oder Tarteformen je zwei Kreise von 22 cm Durchmesser und 11,5–12 cm Durchmesser ausstechen. Die 22er-Größen in die Formen geben und leicht andrücken. Die Füllung daraufsetzen. Den überlappenden Teig auf die Füllung klappen und mit **Eigelb** bestreichen. Nun mit den kleineren Teigkreisen bedecken und die Ränder gut andrücken. Dann mit etwas **Eigelb** bestreichen.

4 Mit einem kleinen Ausstecher oder einem kleinen, scharfen Messer in der Mitte der Teigoberfläche eine etwa fingerdicke Öffnung herstellen. Den restlichen Teig erneut ausrollen und Dekore ausstechen. Dekore auf den Teig legen und mit **Eigelb** bestreichen. Aus Alufolie vier runde, fingerdicke Röhren formen und außen mit **Öl** einfetten. In die Öffnungen als Kamin einsetzen. Den Backofen auf 200 °C Ober/-Unterhitze vorheizen und die Pasteten darin 25–30 Minuten backen. Warm oder kalt servieren.

Schicht für Schicht ein Hochgenuss:
würzige Terrinen

Der Unterschied zwischen Pasteten und Terrinen besteht darin, dass Pasteten von einem Teigmantel umhüllt gebacken werden, Terrinen hingegen unverhüllt die Farce zum Genuss anbieten. Und hierin findet sich auch der Unterschied der Aromenimpfung durch Kräuter, Früchte, alkoholische Brände, Gewürze und Aromaessenzen, die bei Terrinen sehr viel deutlicher ins Gewicht fallen sollen als bei den geschlossenen Pasteten.

Was die teilweise sehr deftigen Farcen angeht, ist es für die Beigaben bei Wild immer eine gute Idee, sich an den Gewohnheiten und Nahrungsmitteln der Tiere zu orientieren. Nüsse, Maronen, Waldfrüchte, Pilze, Wacholder, Pinienkerne, Kräuter, Trüffeln und bestimmt auch alles andere, was zum Beispiel Wildsauen schätzen, passt exzellent zur Terrine mit dem wilden Tier. Essenzen und Beigaben dürfen verdampfen, sollen aber im Spiel der Aromen nicht versinken. Hier sind Brände herzlich willkommen. Veredeln Sie die Farcen also hochprozentig mit Cognac, Armagnac, Sherry, Portwein, Madeira, Whisky, Brandy, Noilly Prat – oder auch mit weniger Prozenten, zum Beispiel mit süßem Muskatellerwein.

Anders als bei Pasteten, die den Alkohol nur abgelöscht vertragen, sonst würde die Teighülle treiben und brechen, dürfen bei Terrinen die Farcen direkt getränkt werden. Aber für beide gilt: nur die allerbesten Tröpfchen und niemals irgendwelche Reste oder die Weihnachtsgeschenke von fast besten Freunden, denn bei alkoholischen Beimischungen bleiben nach dem Verdampfen am Ende die Aromen übrig. Und die entscheiden über den Genuss.

Kalbfleischterrine mit Pistazien

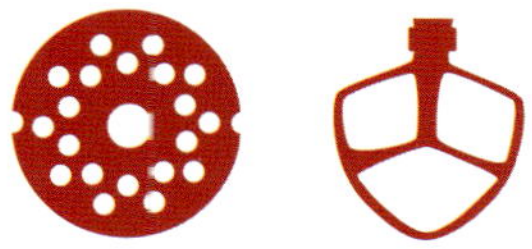

Zubereitungszeit: 20 Minuten, Kühlzeit: 2–12 Stunden, Backzeit: 1 Stunde

Für 8 Portionen

3 Wacholderbeeren
1 TL Kreuzkümmelsamen
6–8 schwarze Kardamomkapseln (innere Früchte)
10 Pimentkörner
15–20 g getrocknete Kräuter der Provence
1,1 kg mageres Kalbfleisch aus der Hüfte, Sehnen und Fett entfernt
1 rote Chilischote, entkernt und gewürfelt
50 g Pistazienkerne
80 g Räucherschinken
140 g fetter Speck, grob gewürfelt
100 ml Cognac, Sherry oder Portwein
Meersalz
schwarzer Pfeffer aus der Mühle
3 Eier (Größe L)
5 Stangen Frühlingslauch, geputzt und in Ringe geschnitten
Fett für die Form
5–6 Lorbeerblätter für die Deko (am besten frische)

1 Terrinenform

1 **Gewürze** und **Kräuter** in einen Mörser geben und fein zerreiben. **Fleisch** würfeln. Mit **Chili, Pistazien, Schinken, Speck, Cognac** bzw. **Sherry** oder **Portwein, Salz** und **Pfeffer** vermengen und mindestens 2 Stunden im Kühlschrank durchziehen lassen, am besten über Nacht.

2 **Fleischwolfaufsatz** im Kühlschrank durchkühlen lassen. Das Fleisch mit den Marinadezutaten, aber ohne die Flüssigkeit durch die **feine Scheibe** des Fleischwolfs drehen. Die Masse, **Eier** und **Frühlingslauch** mit dem **Flachrührer** vermengen. In eine **gefettete** Terrinenform geben und mit einigen **Lorbeerblättern** garnieren.

3 Den Backofen auf 220 °C Ober/-Unterhitze vorheizen. Die Terrine darin 60 Minuten abgedeckt und dann weitere 10 Minuten offen garen. Herausnehmen und auskühlen lassen. Mit restlichen **Lorbeerblättern** dekorieren.

Ziegenkäse-Kartoffel-Terrine

Zubereitungszeit: 30 Minuten, Kühlzeit: 12 Stunden
Für 8 Portionen

600 g mehligkochende Kartoffeln
100 g Pinienkerne plus einige zum Bestreuen
3 Blatt Gelatine
180 g Ziegenfrischkäse
½ Bund Estragon
65 g weiche Butter
60 g Parmesan, fein gerieben
50 ml Noilly Prat
Meersalz
schwarzer Pfeffer aus der Mühle
200 g Sahne, cremig-fest geschlagen
½ Bund Rucola, geputzt und gewaschen
15 kleine eingelegte oder frische Tomaten

1 Terrine oder Kastenform (30 × 10 cm)

1 **Kartoffeln** schälen, in Stücke schneiden und weich kochen. Abgießen und auf dem Herd kurz ausdämpfen. Die **Pinienkerne** in der Pfanne ohne Fett anrösten. Die Hälfte in einem elektrischen Zerkleinerer gut zerkleinern. Die **Gelatine** in kaltem Wasser einweichen.

2 Den **Ziegenkäse** mit **Estragon, Butter** und Kartoffeln durch den **Fleischwolfaufsatz (feine Scheibe)** in die Rührschüssel drehen. Ganze und zerkleinerte Pinienkerne sowie den **Parmesan** dazugeben. **Noilly Prat** in einem kleinen Topf erhitzen, die Gelatine ausdrücken und einrühren, nicht kochen. Die Flüssigkeit zur Kartoffelmasse geben und mit dem Gummischaber oder einem Löffel gut durchmengen. Mit **Salz** und **Pfeffer** würzen. Die **Sahne** unterziehen und alles in die Form füllen. Im Kühlschrank am besten über Nacht durchziehen lassen.

3 Die Terrine stürzen und mit **Rucola,** den restlichen **Pinienkernen** sowie **Tomaten** dekorieren.

Hirschterrine mit schwarzen Walnüssen und Waldorfsalat

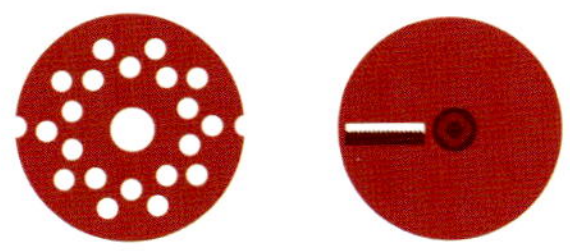

Zubereitungszeit: 45 Minuten, Marinierzeit: 12 Stunden, Backzeit: 1 Stunde, Kühlzeit: 6–12 Stunden

Für 8 Portionen

Terrine

400 g Hirschfleisch (am besten Hirschrücken), Sehnen und Fett entfernt
2 Pimentkörner
4 Wacholderbeeren
4 schwarze Kardamomkapseln (innere Früchte)
15 Fenchelsamen
1 große Prise grobes Meersalz
weißer Pfeffer aus der Mühle
2 Lorbeerblätter
65 ml roter Portwein
100 g Hirschrücken, Sehnen und Fett entfernt, in 3 Scheiben geschnitten
8 Scheiben Frühstücksspeck
6 schwarze Walnüsse plus 4–6 Stück für die Deko

Waldorfsalat

500 g Knollensellerie, geschält
2 kleine, säuerliche Äpfel, geschält, geviertelt, Kerngehäuse entfernt
Saft von ½ Zitrone
2–3 EL Mayonnaise
2–3 EL saure Sahne
10 Pfefferminzblätter, gehackt, plus etwas für die Deko
3 Zweige Petersilie, gehackt
10 Walnüsse, gehackt
Meersalz
weißer Pfeffer aus der Mühle

1 kleine Terrinenform

1 Für die Terrine das **Hirschfleisch** würfeln. **Piment, Wacholder, Kardamom** und **Fenchel** im Mörser fein zermahlen und mit **Salz, Pfeffer** und **Lorbeerblättern** zugeben. Den **Portwein** angießen und alles gut vermengen. Die **Hirschfleischscheiben** dazugeben, sie sollen auch in der Marinade liegen. Mit Klarsichtfolie abgedeckt 12 Stunden im Kühlschrank ziehen lassen.

2 Den **Fleischwolf** im Kühlschrank durchkühlen lassen. Die Hirschscheiben aus der Marinade nehmen und zur Seite stellen. Eine kleine Terrinenform so mit **Speck** ausschlagen, dass er überlappt. Terrinenform kalt stellen. Die kalten Fleischwürfel durch die **feine Scheibe** des Fleischwolfaufsatzes drehen. Die Masse probieren und eventuell mit etwas **Salz** nachwürzen.

3 Die Hälfte der Masse in die Form geben und gut andrücken. **Walnüsse** in dünne Scheiben schneiden. Masse mit der Hälfte der Walnussscheiben belegen. Fleischscheiben eng aneinander in die Form legen, mit den restlichen **Walnüssen** belegen und mit der restlichen Fleischmasse abdecken. Den Speck darüberschlagen.

4 Backofen auf 180 °C Ober/-Unterhitze vorheizen. Eine Auflaufform, etwas größer als die Terrine, mit heißem Wasser füllen und auf die mittlere Schiene geben. Terrinenform ins Wasserbad setzen und 55–60 Minuten garen – die ersten 30 Minuten mit Deckel und dann 25–30 Minuten ohne Deckel. Die Terrine auskühlen lassen, am besten über Nacht in den Kühlschrank stellen.

5 Dazu passt Waldorfsalat: **Sellerie** und **Apfelviertel** mit der **Juliennereibe** zerkleinern. Mit **Zitronensaft, Mayonnaise, saurer Sahne, Kräutern** und **Walnüssen** vermengen und abschließend mit **Salz** und **Pfeffer** würzen. Die Terrine in Scheiben schneiden und mit Salat und schwarzen **Walnüssen** servieren. Mit ein paar **Minzblättchen** dekorieren.

Auf die Würze kommt es an:
handgemachte Würste

Es wird aufwendig, es wird arbeitsintensiv, es wird zeitraubend und ein wenig unruhig werden. Manchmal wird es laut. Auf jeden Fall wird es teuer. Häute werden zerreißen, vielleicht werden Sie fluchen, es kann sein, dass es Ärger gibt.

Warum sollten wir uns das antun? Weil Sie möglicherweise noch niemals eine so exzellente Wurst genossen haben, eine Wurst, die uns allen Ärger vergessen lässt. Würste zählen zu den reinsten Lebensmitteln, die wir erzeugen können. Auch wenn diese Aussage in einem sehr deutlichen Gegensatz zu den Produkten steht, die wir an vielen Verkaufsständen erwerben können, bleibe ich dabei: Würste sind absolut reine, pure und saubere Fleischzubereitungen. Würste zählen für mich zu den kostbaren Delikatessen, sind in besten Qualitäten sehr selten zu bekommen und gehören in die Klasse der hochpreisigen Lebensmittel. Die meisten Menschen kennen Wurst anders, obwohl wir ja buchstäblich in einem Wurstkulturkreis leben, in Deutschland sogar sprichwörtlich südlich oder nördlich des Weißwurstäquators. Viele haben dieses edle Produkt noch nicht wirklich kennengelernt, vielleicht weil sich die Möglichkeit, Würste selbst zu machen, einfach nicht ergeben wollte.

Aber wenn Sie Würste selbst zubereiten wollen, erstmal herzlichen Glückwunsch von meiner Seite! Und dann befolgen wir den Rat eines sehr erfahrenen Metzgermeisters, mit dem ich seit vielen Jahren gern Erfahrungen austausche: „Nur das Beste, das Frischeste – und davon viel. Und keine Zeit verlieren, gleich genießen!“

Einfache Currywurst

Zubereitungszeit: 45 Minuten, Kühlzeit: 15 Minuten

Für circa 10 Würstchen bzw. 4 Portionen

Würste

500 g Schweinefleisch aus der Schulter, gut gekühlt
ca. 3 m Schweinedarm (beim Metzger vorbestellen oder aus dem Versandhandel für Metzgereibedarf)
10 g feines Meersalz oder Himalayasalz aus Pakistan
1 g weißer Pfeffer aus der Mühle
1 g frisch geriebene Muskatnuss
Öl zum Einfetten

Currysauce

40 g Zwiebel, geschält und fein gewürfelt
20 g Ingwer, geschält und fein gerieben
2 Knoblauchzehen, geschält und durchgepresst
½ rote Peperoni, entkernt und fein gewürfelt
Pflanzenöl zum Braten
1 TL Currypulver plus etwas zum Bestäuben
50 g Tomatenmark
2 EL Ahornsirup oder Honig
50 g frischer Orangensaft
200 g gehackte Tomaten (Dose oder Tetrapack)
50 g Ketchup
½ TL Gemüsebrühepulver
Meersalz
schwarzer Pfeffer aus der Mühle

1 Stabmixer

1 Für die Würste den **Fleischwolf** im Kühlschrank gut durchkühlen lassen. Das **Fleisch** in kleine Stücke schneiden, flach auf ein kleines Blech legen und für 10 Minuten in den Gefrierschrank stellen. Den **Darm** in eine kleine Schüssel geben und in reichlich warmem Wasser Temperatur annehmen lassen, dann wird er elastischer. **Salz** mit **Pfeffer** und **Muskat** vermischen.

2 Das Fleisch auf höchster Stufe erst mit dem Fleischwolf durch die **grobe Scheibe,** dann durch die **feine Scheibe** in die Rührschüssel drehen. Die Salzmischung dazugeben und mit dem **Flachrührer** gut vermengen. 5 Minuten kalt stellen. Vom Fleischwolf die Scheibe herausnehmen, restliches Fleisch entfernen und das große **Füllhorn** vorsetzen. Für 4–5 Minuten in den Gefrierschrank legen. Das Füllen des Darms geht am besten zu zweit – einer stopft das Fleisch, der andere hält den Darm –, damit die Masse gleichmäßig im Darm verteilt wird. Den Fleischwolf mit dem Füllhorn aufstecken. Füllhorn etwas **einfetten.** Abgetropften Darm vollständig auf das Horn schieben.

3 Für das erste Würstchen den Darm 1–2 cm über die Füllhornöffnung ziehen und zuknoten. Die Fleischmasse nach und nach einfüllen und auf mittlerer Stufe (je nach persönlicher Handfertigkeit) in den Darm drücken. Lufteinschlüsse vermeiden! Wenn die Füllung die gewünschte Wurstlänge erreicht hat, mit Daumen und Zeigefinger den Darm abdrücken und das gefüllte Stück ein paar Mal in eine Richtung drehen. Wieder füllen. Das nächste Stück dann in die Gegenrichtung drehen und gegenläufig immer so weitermachen. Wenn die gesamte Wurstmasse abgefüllt ist, das Ende zuknoten. Am Schluss kann man die fertigen Würste noch ein bisschen von Hand in Form bringen.

4 Für die Currysauce in einem Topf **Zwiebel, Ingwer, Knoblauch** und **Peperoni** in etwas **Öl** anbraten. **Currypulver** und **Tomatenmark** zugeben und kurz anrösten. **Ahornsirup** oder **Honig** und **Orangensaft** angießen. **Tomaten, Ketchup** und **Gemüsebrühepulver** zugeben. 15–20 Minuten köcheln lassen und mit **Salz** und **Pfeffer** abschmecken. Wer die Sauce feiner möchte, mixt sie mit einem Stabmixer durch.

5 Die Würste braten und mit der Sauce servieren. Mit selbst gemachten Pommes frites der Klassiker! Etwas **Currypulver** aufstreuen.

Tipp: Man kann die frischen Würste 2 Tage im Kühlschrank aufbewahren. Wenn man sie haltbarer machen möchte, einen Topf mit Wasser, 2 Lorbeerblättern, 1 Zwiebel mit Schale und ½ EL Salz zum Kochen bringen. Dann die Temperatur auf 72 °C sinken lassen. Die Würste 4–5 Minuten bei 70–72 °C brühen, am besten mit einem Thermostat überprüfen. Auskühlen lassen. Gut verschlossen halten sie sich 6–8 Tage im Kühlschrank.

Bratwurst mit wildem Fenchel auf Kartoffel-Karotten-Gemüse

Zubereitungszeit: 50 Minuten, Kühlzeit: 15 Minuten

Für circa 10 Würstchen bzw. 4 Portionen

Würste

500 g Schweinefleisch aus der Schulter, gut gekühlt
ca. 3 m Schweinedarm (beim Metzger vorbestellen oder aus dem Versandhandel für Metzgereibedarf)
10 g feines Meersalz oder Himalayasalz aus Pakistan
1 g weißer Pfeffer aus der Mühle
1 g frisch geriebene Muskatnuss
½ TL wilder Fenchel, im Mörser fein zermahlen
Öl zum Einfetten

Kartoffelragout

200 g Zwiebeln, geschält
Pflanzenöl zum Braten
je 2 Zweige Rosmarin und Thymian
3 Lorbeerblätter
350 g festkochende Kartoffeln, geschält
300 g Karotten, geschält
Meersalz
schwarzer Pfeffer aus der Mühle
1 TL Kartoffelstärke
100 g Sahne

1 Für die Würste den **Fleischwolf** und das große **Füllhorn** im Kühlschrank gut durchkühlen lassen. Das **Fleisch** in kleine Stücke schneiden und flach auf ein kleines Blech legen. Für 10 Minuten in den Gefrierschrank stellen. Den **Darm** in eine kleine Schüssel geben und in reichlich warmem Wasser Temperatur annehmen lassen, dann wird er elastischer. Das **Salz** mit **Pfeffer, Muskat** und **Fenchel** vermischen.

2 Fleisch auf höchster Stufe erst mit dem Fleischwolf durch die **grobe Scheibe,** dann durch die **feine Scheibe** in die Rührschüssel drehen. Die Salzmischung zugeben und mit dem **Flachrührer** gut vermengen. 5 Minuten kalt stellen. Vom Fleischwolf die Scheibe herausnehmen, restliches Fleisch entfernen und das **Füllhorn** vorsetzen. Für 4–5 Minuten in den Gefrierschrank legen. Das Füllen des Darms geht am besten zu zweit – einer stopft das Fleisch, der andere hält den Darm –, damit die Masse gleichmäßig im Darm verteilt wird. Den Fleischwolf mit dem Füllhorn aufstecken. Füllhorn mit etwas **Öl** einfetten und den abgetropften Darm vollständig auf das Horn schieben.

3 Für das erste Würstchen den Darm 1–2 cm über die Füllhornöffnung ziehen und zuknoten. Die Fleischmasse nach und nach einfüllen und auf der mittleren Stufe (je nach persönlicher Handfertigkeit) in den Darm drücken. Lufteinschlüsse vermeiden! Wenn die Füllung die gewünschte Wurstlänge erreicht hat, mit Daumen und Zeigefinger den Darm abdrücken und das gefüllte Stück ein paar Mal in eine Richtung drehen. Wieder füllen. Das nächste Stück dann in die Gegenrichtung drehen und gegenläufig immer so weitermachen. Wenn die gesamte Wurstmasse abgefüllt ist, das Ende zuknoten. Am Schluss kann man die fertigen Würste noch ein bisschen von Hand in Form bringen.

4 Für das Kartoffelragout die **Zwiebeln** mit einem **Würfelaufsatz** würfeln und in einem Topf in etwas **Öl** anschwitzen. Die **Kräuter** mit den **Lorbeerblättern** zu einem Kräuterstrauß zusammenbinden und zugeben. Die **Kartoffeln** mit dem Würfelschneider oder von Hand zerkleinern, zugeben und mit anschwitzen. Zuletzt die **Karotten** würfeln und zugeben. 500 ml Wasser angießen und mit **Salz** und **Pfeffer** würzen. Das Ragout sollte 12–14 Minuten kochen. **Kartoffelstärke** mit etwas kaltem Wasser anrühren. Die **Sahne** zugeben, aufkochen und die Kartoffelstärke einrühren. Den Kräuterstrauß entfernen und alles abschmecken.

5 Die Würste braten und mit dem Ragout servieren.

Lammwurst auf Fenchelgemüse

Zubereitungszeit: 45 Minuten, Kühlzeit: 15 Minuten

Für circa 16 Würste bzw. 4 Portionen

Würste

750 g Lammfleisch aus der Schulter oder Keule
ca. 3 m Lammdarm (Saitlinge; beim Metzger vorbestellen oder aus dem Versandhandel für Metzgereibedarf)
15 g feines Meersalz
1 g schwarzer Pfeffer aus der Mühle
1 Msp. frisch geriebene Muskatnuss
4 g getrocknete Kräuter der Provence

Gemüse

2–3 dicke Fenchelknollen plus Fenchelgrün für die Deko
Olivenöl
Meersalz
schwarzer Pfeffer aus der Mühle
1 Spritzer Pastis oder Anisschnaps

1 Für die Würste den **Fleischwolfaufsatz** im Kühlschrank gut durchkühlen lassen. Das **Fleisch** in kleine Stücke schneiden, flach auf ein kleines Blech legen und für 10 Minuten in den Gefrierschrank stellen. Den **Darm** in eine kleine Schüssel geben und in reichlich warmem Wasser Temperatur annehmen lassen, dann wird er elastischer. Das **Salz** mit **Pfeffer, Muskat** und **Kräutern der Provence** vermischen.

2 Das Fleisch auf höchster Stufe mit dem Fleischwolf durch die **grobe Scheibe** in die Rührschüssel drehen. Die Salzmischung zugeben und mit dem **Flachrührer** gut vermengen. 5 Minuten kalt stellen. Vom Fleischwolf die Scheibe herausnehmen, das restliche Fleisch entfernen und das große **Füllhorn** vorsetzen. Für 4–5 Minuten in den Gefrierschrank legen. Das Füllen des Darms geht am besten zu zweit – einer stopft das Fleisch, der andere hält den Darm –, damit die Masse gleichmäßig im Darm verteilt wird. Den Fleischwolf mit dem Füllhorn aufstecken. Füllhorn mit etwas **Öl** einfetten und den abgetropften Darm vollständig auf das Horn schieben.

3 Für das erste Würstchen den Darm 1–2 cm über die Füllhornöffnung ziehen und zuknoten. Die Fleischmasse nach und nach einfüllen und auf der mittleren Stufe (je nach persönlicher Handfertigkeit) in den Darm drücken. Lufteinschlüsse vermeiden! Wenn die Füllung die gewünschte Wurstlänge erreicht hat, mit Daumen und Zeigefinger den Darm abdrücken und das gefüllte Stück ein paar Mal in eine Richtung drehen. Wieder füllen. Das nächste Stück in die Gegenrichtung drehen und gegenläufig immer so weitermachen. Wenn die gesamte Wurstmasse abgefüllt ist, das Ende zuknoten. Am Schluss kann man die fertigen Würste noch ein bisschen von Hand in Form bringen.

4 Für das Gemüse den **Fenchel** waschen, halbieren und den Strunk entfernen. In dünne Streifen schneiden. In einer Pfanne in **Olivenöl** anbraten, mit **Salz** und **Pfeffer** würzen und bei aufgelegtem Deckel 10–11 Minuten garen, zwischendurch wenden. Nach Geschmack einen Schuss **Pastis** oder **Anisschnaps** zugeben.

5 Die Würste braten und mit dem Gemüse servieren. Mit **Fenchelgrün** dekorieren.

Maishähnchenwürste auf Weizen

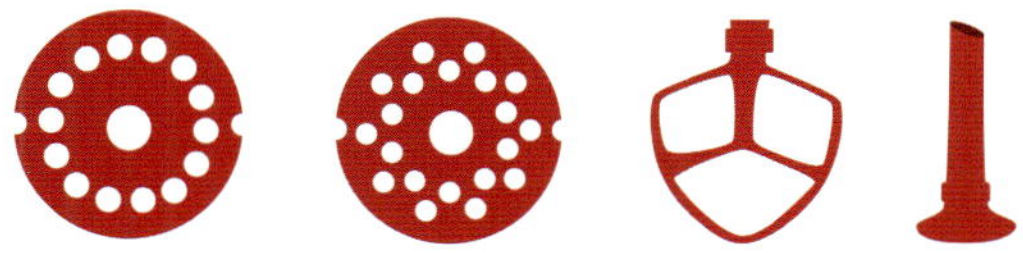

Zubereitungszeit: 45 Minuten, Kühlzeit: 15 Minuten

Für circa 16 Würste bzw. 4 Portionen

Würste

650 g Maishähnchenfleisch ohne Haut und Knochen
150 g Nackenspeck (beim Metzger vorbestellen)
ca. 3 m Schweinedarm (beim Metzger vorbestellen oder aus dem Versandhandel für Metzgereibedarf)
17 g feines Meersalz oder Himalayasalz aus Pakistan
2 g schwarzer Pfeffer aus der Mühle
1 g frisch geriebene Muskatnuss
2 g Chiliflocken plus etwas für die Deko
2 g getrockneter Thymian plus etwas für die Deko
Öl zum Einfetten

Weizen

240 g Ebly-Sonnenweizen
250 g Schmand oder Crème fraîche
2 rote Paprikaschoten, entkernt und gewürfelt
4 Stangen Frühlingslauch, in Ringe geschnitten
Meersalz
schwarzer Pfeffer aus der Mühle

1 Für die Würste den **Fleischwolfaufsatz** im Kühlschrank gut durchkühlen lassen. **Geflügelfleisch** und **Nackenspeck** in kleine Stücke schneiden und flach auf ein kleines Blech legen. Für 10 Minuten in den Gefrierschrank stellen. Den Darm in eine kleine Schüssel geben und in reichlich warmem Wasser Temperatur annehmen lassen, dann wird er elastischer. Das **Salz** mit **Pfeffer, Muskat, Chiliflocken** und **Thymian** vermischen.

2 Fleisch auf höchster Stufe erst mit dem Fleischwolf durch die **grobe Scheibe,** dann durch die **feine Scheibe** in die Rührschüssel drehen. Die Salzmischung zugeben und mit dem **Flachrührer** gut vermengen. 5 Minuten kalt stellen. Vom Fleischwolf die Scheibe herausnehmen, das restliche Fleisch entfernen und das **Füllhorn** vorsetzen. Für 4–5 Minuten in den Gefrierschrank legen. Das Füllen des Darms geht am besten zu zweit – einer stopft das Fleisch, der andere hält den Darm –, damit die Masse gleichmäßig im Darm verteilt wird. Den Fleischwolf mit dem Füllhorn aufstecken. Füllhorn etwas **einfetten,** den abgetropften Darm vollständig auf das Horn schieben.

3 Für das erste Würstchen den Darm 1–2 cm über die Füllhornöffnung ziehen und zuknoten. Die Fleischmasse nach und nach einfüllen und auf der mittleren Stufe (je nach persönlicher Handfertigkeit) in den Darm drücken. Lufteinschlüsse vermeiden! Wenn die Füllung die gewünschte Wurstlänge erreicht hat, mit Daumen und Zeigefinger den Darm abdrücken und das gefüllte Stück ein paar Mal in eine Richtung drehen. Wieder füllen. Das nächste Stück in die Gegenrichtung drehen und gegenläufig immer so weitermachen. Wenn die gesamte Wurstmasse abgefüllt ist, das Ende zuknoten. Am Schluss kann man die fertigen Würste noch ein bisschen von Hand in Form bringen.

4 Den **Weizen** nach Packungsanweisung garen, dann abgießen und abtropfen lassen. Den **Schmand** oder die **Crème fraîche** in einen Topf geben und aufkochen. **Weizen, Paprika** und **Frühlingslauch** dazugeben, aufkochen und 3–5 Minuten köcheln lassen. Mit **Salz** und **Pfeffer** abschmecken.

5 Die Würste braten und mit dem Weizen servieren. Mit **Chiliflocken** und **Thymian** dekorieren.

Kalbfleischwurst mit Trüffelpesto und Dicken Bohnen

Zubereitungszeit: 50 Minuten, Kühlzeit: 15 Minuten

Für circa 16 Würste bzw. 4 Portionen

Würste

600 g mageres Kalbfleisch
100 g Spickspeck (fetter Speck in Streifen, vom Metzger zuschneiden lassen)
14 g Salz
2 g schwarzer Pfeffer aus der Mühle
ca. 3 m Lammdarm (Saitlinge; beim Metzger vorbestellen oder aus dem Versandhandel für Metzgereibedarf)
25 g Trüffelpesto (Rezept Seite 72)
Öl zum Einfetten und Braten

Bohnen

1 kg Dicke Bohnen (TK-Produkt), aufgetaut
250 g Soja Cuisine
Meersalz
schwarzer Pfeffer aus der Mühle
etwas Rosmarin für die Deko

1 Für die Würste den **Fleischwolfaufsatz** im Kühlschrank durchkühlen lassen. Das **Fleisch** und den **Speck** in kleine Stücke schneiden und flach auf ein kleines Blech legen. 10 Minuten in den Gefrierschrank stellen. **Salz** und **Pfeffer** vermischen. Den **Darm** in eine Schüssel geben und in reichlich warmem Wasser Temperatur annehmen lassen, dann wird er elastischer.

2 Das Fleisch und den Speck erst durch die **grobe Scheibe** des Fleischwolfs drehen. Dann auf höchster Stufe durch die **feine Scheibe** in die Rührschüssel drehen. Die Salzmischung und das **Pesto** zugeben und die Masse mit dem **Flachrührer** gut vermengen. 5 Minuten kalt stellen. Scheibe herausnehmen, restliches Fleisch entfernen und das große **Füllhorn** vorsetzen. Das Gerät 4–5 Minuten in den Gefrierschrank legen.

3 Das Füllen des Darms geht am besten zu zweit – einer stopft das Fleisch, der andere hält den Darm –, damit die Masse gleichmäßig im Darm verteilt wird. Fleischwolf mit dem Füllhorn aufstecken. Das Füllhorn mit etwas **Öl** einfetten und den abgetropften Darm vollständig auf das Horn schieben.

4 Für das erste Würstchen den Darm 1–2 cm über die Füllhornöffnung ziehen und zuknoten. Die Fleischmasse nach und nach einfüllen, gleichzeitig auf mittlerer Stufe (je nach persönlicher Handfertigkeit) in den Darm drücken. Lufteinschlüsse vermeiden! Wenn die Füllung die gewünschte Wurstlänge erreicht hat, mit Daumen und Zeigefinger den Darm abdrücken und das gefüllte Stück ein paar Mal in eine Richtung drehen. Wieder füllen. Das nächste Stück dann in die Gegenrichtung drehen und gegenläufig immer so weitermachen. Wenn die gesamte Wurstmasse abgefüllt ist, das Ende zuknoten. Am Schluss kann man die fertigen Würste noch ein bisschen von Hand in Form bringen.

5 Für die Bohnen die **Hülsenfrüchte** aus der Haut pulen. Ich mache das meistens einen Tag vorher und setze mich dabei in den Garten oder vor den Fernseher, weil es einfach lange dauert. **Soja Cuisine** aufkochen und mit **Salz** und **Pfeffer** würzen. **Bohnen** zugeben und 5–7 Minuten köcheln lassen.

6 Die Würste braten und mit den Bohnen servieren. Mit **Rosmarin** dekorieren.

Lieblingsspeisen aus dem Ofen:

Tartes und Pizzen

Alles andere als stressbereitende Pulsbeschleuniger sind die fast schon gemütlichen, herzhaften Tartes. Es sind bodenständige, unkomplizierte Speisen, sehr einfach, sehr zuverlässig und lecker. Die beliebteste und populärste Spielart herzhafter Tartes sind die Pizzen – und es muss einen guten Grund dafür geben, dass wir es auch in dieser Disziplin mit dem neapolitanischen Lieblingsitaliener um die Ecke aufnehmen wollen: die Freude am Selbermachen.

Die Teige dafür gelingen wunderbar mit der Küchenmaschine. Gleichmäßiger können die Zutaten kaum vermengt werden und besonders bei Hefeteigen ist es ein entscheidender Vorteil, die aufregende Vermischung so schnell wie möglich wieder zu beenden. Denn Hefeteige sind von Natur aus empfindliche Geschöpfe und brauchen, um gut zu gelingen, vor allem Ruhe. Für die besten Mürbeteige, die keine Handwärme vertragen – die Butter darin würde zu weich werden –, gibt es kaum eine bessere Vorgehensweise, als sämtliches Vermischen der Maschine zu überlassen und nur so viel wie unbedingt nötig mit dem Teig von Hand zu unternehmen. Auch hier gilt: rühren lassen, ruhen lassen, dann belegen, backen und genießen.

Kartoffeltarte mit Reblochon

Zubereitungszeit: 15 Minuten, Backzeit: 75 Minuten

Für 4 Portionen

1,5 g kleine, mehligkochende Kartoffeln
150 g Reblochon, in dünne Scheiben geschnitten
300 g Sahne
2 Eier (Größe L)
1 TL Kartoffelstärke
Meersalz
schwarzer Pfeffer aus der Mühle
frisch geriebene Muskatnuss

1 runde Springform 24 cm
1 Stabmixer

1 Springform mit Backpapier auskleiden. **Kartoffeln** schälen und mit der **Scheibenschneidereibe** der Küchenmaschine in dünne Scheiben schneiden. Eine Lage Kartoffeln in die Form geben und ein Drittel vom **Käse** darauf verteilen. Mit Kartoffeln abdecken, das zweite Drittel **Käse** darauf verteilen, wieder Kartoffeln und den restlichen **Käse** daraufgeben. Mit Kartoffelscheiben abschließen.
2 Die **Sahne** mit **Eiern, Stärke, Salz, Pfeffer** und **Muskat** mit dem Stabmixer kurz durchmixen und auf die Kartoffelschichtung gießen.
3 Den Backofen auf 200 °C Umluft vorheizen. Die Tarte in den Ofen stellen und 75 Minuten backen. Falls die obere Schicht zu dunkel wird, mit Alufolie abdecken.

Roqueforttarte mit Rotweinbirnen

Zubereitungszeit: 40 Minuten, Kühlzeit: 10 Minuten, Backzeit: 45 Minuten

Für 4 Portionen

Birnen
5 schöne, kleine Birnen (nicht zu weich)
600 ml Rotwein
je 1 Zweig Rosmarin und Thymian
4 EL Zucker

Teig
200 g Weizenmehl Type 405
100 g kalte Butter, in kleine Stücke geschnitten
30 g Walnüsse, gehackt
6 g Salz

Belag
1 Eigelb zum Bestreichen
150 g Appenzeller, gerieben
150 g Roquefort, etwas zerkrümelt
15 Walnusshälften

Guss
2 Eier (Größe L)
1 Eiweiß
30 g Kartoffelstärke
200 g Sahne
100 ml Milch
Meersalz
schwarzer Pfeffer aus der Mühle
frisch geriebene Muskatnuss

1 Kugelausstecher
1 runde Tarteform mit Hebeboden (ø 22–24 cm)

1 Die **Birnen** schälen, halbieren und mit einem Kugelausstecher das Kerngehäuse entfernen. **Rotwein** mit **Rosmarin, Thymian** und **Zucker** aufkochen. Birnen zugeben, aufwallen und bei aufgelegtem Deckel auf kleiner Hitze 10 Minuten köcheln lassen. Den Herd ausstellen und die Rotweinbirnen ziehen lassen.

2 Für den Teig alle **Zutaten** mit 50 ml kaltem Wasser in eine Edelstahlschüssel geben. Mit dem **Flachrührer** auf kleiner Stufe schnell zu einem Teig verarbeiten. Aus der Schüssel nehmen und mit den Händen zusammendrücken. Mehrere Mal kraftvoll auf die Arbeitsfläche werfen, damit sich der Teig gut verdichtet. Dann mit einem Nudelholz passend für die Tarteform ausrollen. Die Form mit Backpapier auslegen und den Teig hineinsetzen. Andrücken und mit einer Gabel mehrfach einstechen. Für 10 Minuten in den Gefrierschrank stellen.

3 Den Teig mit **Eigelb** bestreichen. Erst **Appenzeller,** dann **Roquefort** aufstreuen.

4 Für den Guss alle **Zutaten** mixen und würzen. Dann auf die Tarte gießen und die **Walnüsse** darauf verteilen. Den Backofen auf 200 °C Ober-/Unterhitze vorheizen. Die Tarte im Ofen 40–45 Minuten backen. Wird der Belag zu dunkel, mit Alufolie abdecken. Die Tarte mit den Rotweinbirnen servieren.

Auberginen-Tarte-Tatin

Zubereitungszeit: 45 Minuten, Kühlzeit: 45 Minuten, Backzeit: 25 Minuten

Für 1 Tarte

Teig
240 g Dinkelmehl Type 630
120 g kalte Butterstücke
60 ml eiskaltes Wasser
1 EL getrocknete Kräuter der Provence
7 g Meersalz

Füllung
2 große Auberginen (ca. 750 g), in 1 cm dicke Scheiben geschnitten
feines Salz
Olivenöl zum Bestreichen und 4 EL für die Pfanne
30 g Rohrzucker oder 40 g feiner Zucker
250 g Ziegenkäserolle

2 Backbleche
1 backofentaugliche große Pfanne (am besten beschichtet; ø 30 cm)

1 Für den Teig alle Zutaten mit dem **Knethaken** der Küchenmaschine zu einem homogenen Teig verarbeiten. Zwischen Klarsichtfolie etwas rund ausrollen und für 30–45 Minuten in den Kühlschrank stellen.

2 Für die Füllung die **Auberginenscheiben** mit der **Scheibenschneidereibe** in Scheiben schneiden und dicht an dicht auf ein mit **Salz** bestreutes Blech legen, sie dürfen auch übereinanderliegen. Dann leicht **salzen.** 20–30 Minuten ruhen lassen. Die Auberginen mit Küchenpapier etwas trocken tupfen. Auf beiden Seiten leicht mit **Olivenöl** einstreichen und auf zwei mit Backpapier ausgelegten Backblechen verteilen. Den Backofen auf 200 °C Umluft vorheizen. Bleche für 12–15 Minuten in den Ofen schieben und wieder herausnehmen.

3 Das restliche **Olivenöl** in eine kalte Pfanne geben und den **Zucker** gleichmäßig in das Öl streuen. Die Auberginenscheiben in der Pfanne überlappend anordnen. Die letzten Stücke glatt auflegen. Die **Ziegenkäserolle** in dünne Scheiben schneiden und auf den Auberginen verteilen.

4 Den Teig aus dem Kühlschrank nehmen und etwas größer als die Pfanne rund ausrollen. Auf die Käseoberfläche legen und den überstehenden Rand nach innen eindrücken. Eventuell mit dem Griff einer Gabel den Rand noch einmal gut eindrücken. Den Teig mit der Gabel mehrmals einstechen.

5 Den Backofen wieder auf 200 °C Umluft vorheizen. Die Pfanne für 25 Minuten in den Ofen schieben. Nach dem Backen sofort die Tarte auf eine Servierplatte stürzen. Auf der nun oben liegenden Seite hat sich eine Karamellschicht gebildet, die sehr heiß ist. Man kann die Auberginen-Tarte-Tatin sowohl heiß als auch kalt genießen.

Pikante Saint-Honoré-Torte

Zubereitungszeit: 25 Minuten, Backzeit: 27 Minuten

Für 4 Portionen

Teig
70 g Butter, gewürfelt
¼ TL Salz
115 g Weizenmehl Type 550, gesiebt
3 Eier (Größe M)

Füllung
600 g Fetakäse
4 EL scharfes Ajvar

1 Spritzbeutel mit Rosentülle
1 Backblech

1 Für den Teig 150 ml Wasser mit **Butter** und **Salz** zum Kochen bringen und warten, bis die Butter komplett geschmolzen ist. **Mehl** mit einem Holzlöffel kräftig in die Masse arbeiten, bis sich ein Kloß gebildet hat. Den Kloß 3–4 Minuten im Topf hin- und herbewegen (abbrennen), bis am Topfboden eine durchgängige weiße Schicht zu sehen ist.

2 Die Masse in die Rührschüssel geben und mit dem **Flachrührer** 4–5 Minuten auf kleiner Stufe durchrühren. **Eier** einzeln in die Masse geben und jedes Mal abwarten, bis das Ei gut mit der Masse verrührt ist. Dann die Masse in einen Spritzbeutel mit Rosentülle füllen. Ein Blech mit Backpapier auslegen. Am besten auf der Unterseite des Backpapierbogens als Markierung einen großen Kreis aufzeichnen und das Backpapier wieder umdrehen. Nun entlang der Markierung zuerst einen Rand aufspritzen. Jetzt auf dem Rand schöne Rosen aneinanderspritzen.

3 Den Backofen auf 200 °C Ober/-Unterhitze vorheizen. Das Blech für 25–27 Minuten in den Ofen schieben. Während der Backzeit den Ofen nicht öffnen, weil das Gebäck sonst zusammenfallen würde. Herausnehmen und auf einem Kuchengitter auskühlen lassen. Die Saint-Honoré-Torte wie einen Tortenboden in eine untere und obere Hälfte schneiden.

4 Für die Füllung den **Käse** mit **Ajvar** durchmixen und in einen Spritzbeutel mit Rosentülle füllen. Auf die Unterseite der Saint-Honoré-Torte spritzen. Den Deckel auflegen und 15 Minuten in den Kühlschrank stellen. Mit einem schönen bunten Salat oder gegrilltem Gemüse servieren. Für jeden Anlass eine schöne Speise!

Pizza mit Roter Bete, Ziegenkäse und Rosmarin

Zubereitungszeit: 20 Minuten, Ruhezeit Teig: 45 Minuten, Backzeit: 12 Minuten

Für 4 Portionen

Teig

500 g Weizenmehl Type 405 oder die italienische Type 00 plus etwas Mehl zum Bearbeiten
1 Pck. Trockenhefe
8 g Salz
2 EL Olivenöl

Belag

4 EL Crème fraîche
360 g Gruyère oder Tilsiter, gerieben
1 EL getrocknete Kräuter der Provence
4 mittelgroße Rote Bete, roh geschält
2 EL Olivenöl
Meersalz
schwarzer Pfeffer aus der Mühle
200 g Ziegenkäserolle
einige Zweige Rosmarin für die Deko

4 runde Pizzaformen (ø 25 cm)

1 Für den Teig die **Zutaten** mit 280 ml lauwarmem Wasser in die Rührschüssel geben und mit dem **Knethaken** der Küchenmaschine 5–6 Minuten auf kleiner Stufe kneten. Die Maschine mit einem Küchentuch abdecken und den Teig 30 Minuten ruhen lassen.

2 Dann den Teig mit den Händen auf einer leicht **mehlierten** Arbeitsfläche gut durchkneten und in vier gleich große Stücke teilen. Jeweils zu einer Kugel formen und 15 Minuten gehen lassen.

3 Die Teigkugeln mit dem Nudelholz in Pizzaformengröße ausrollen und in die Formen legen.

4 Für den Belag die **Crème fraîche** auf den Teig streichen. Den **Käse** gleichmäßig darauf verteilen und mit den **Kräutern** bestreuen. **Rote Bete** mit einem Spiralschneider in Spaghettiform drehen oder mit einem Gemüsehobel oder einer Mandoline in sehr dünne Scheiben schneiden. Mit **Olivenöl, Salz** und **Pfeffer** würzen und auf den Pizzen verteilen. **Ziegenkäserolle** in Scheiben schneiden und in Stückchen brechen. Gleichmäßig auf die Pizza geben.

5 Den Backofen auf 240 °C Umluft vorheizen. Die Pizzen darin 10–12 Minuten backen. Zum Schluss mit **Rosmarinzweigen** dekorieren.

Tipp: Wenn man keine vier Pizzaformen hat, rollt man den Teig in Backblechgröße aus und legt ihn auf ein mit Backpapier ausgelegtes Blech. Oder man backt vier runde Pizzen auf zwei Blechen.

Tomate-Salami-Pizza

Zubereitungszeit: 20 Minuten, Ruhezeit Teig: 45 Minuten, Backzeit: 12 Minuten

Für 4 Portionen

Teig
500 g Weizenmehl Type 405 oder die italienische Type 00 plus etwas Mehl zum Bearbeiten
1 Pck. Trockenhefe
8 g Salz
2 EL Olivenöl

Belag
4 EL Tomatenmark
Meersalz
schwarzer Pfeffer aus der Mühle
400 g gehackte Tomaten (Dose oder Tetrapack)
360 g Gruyère oder Tilsiter, gerieben
1 EL getrockneter Majoran
12 kleine Tomaten (am besten Tasty Tom), in Scheiben geschnitten
2 gelbe Tomaten, in Scheiben geschnitten
1–2 gelbe Peperoni, in dünne Scheiben geschnitten
20 kleine Scheiben luftgetrocknete italienische Salami
20 Basilikumblätter

4 runde Pizzaformen (ø 25 cm)

1 Für den Teig die **Zutaten** mit 280 ml lauwarmem Wasser in die Rührschüssel geben und mit dem **Knethaken** 5–6 Minuten auf kleiner Stufe kneten. Die Maschine mit einem Küchentuch abdecken und den Teig 30 Minuten ruhen lassen.

2 Den Teig mit den Händen auf einer leicht **mehlierten** Arbeitsfläche gut durchkneten und in vier gleich große Stücke teilen. Jeweils zu einer Kugel formen und 15 Minuten gehen lassen.

3 Die Teigkugeln mit dem Nudelholz in Pizzaformengröße ausrollen und in die Formen legen.

4 **Tomatenmark** mit **Salz** und **Pfeffer** würzen. Den Teig damit bestreichen. **Tomaten** darauf verteilen. Einen kleinen Rand frei lassen. **Käse** gleichmäßig aufstreuen und mit **Majoran** bestreuen. **Tomaten** und einige **Peperoni** darauf verteilen. Leicht mit **Salz** und **Pfeffer** würzen.

5 Den Backofen auf 240 °C Umluft vorheizen. Die Pizzen 10–12 Minuten backen. Danach mit **Salami, Basilikum** und restlichen **Peperoni** belegen.

Süß macht einfach glücklich:

Kuchen und Gebäck

Man braucht keinen vernünftigen Grund, einen Kuchen zu backen oder sich die Mühe zu machen, aus Teigstücken Kekse und duftende Backwaren herzustellen. Wir alle lieben Kuchen – und noch viel mehr das Drumherum.

Noch nie wurde ein Kuchen gebacken, weil jemand Hunger hatte. Ernährungsphysiologisch gibt es auch leider keine Notwendigkeit dafür. Nun, vielleicht doch – für einen Obstkuchen mit frischen Früchten möglicherweise. Aber Kuchen streichelt auch so die Seele. Und Kuchenessen ist ein soziales Ereignis für viele Menschen, seit Generationen. Die Sonntagskaffeetafeln waren dementsprechend jahrzehntelang eine wichtige familiäre Einrichtung und Kuchen waren dabei von immens großer Bedeutung. Genauso wie die handgeschlagene Sahne und der handgebrühte Filterkaffee.

Zu Hause gebackene Kuchen zählen für mich zu den verlässlichsten Ritualen, um sich mit der „wilden Welt“ zu versöhnen, weil sie eine ganz eigene Sprache sprechen und mit ihrem Duft schon beim Betreten der Wohnung Freundschaft signalisieren: Man schmeckt einfach die Liebe, mit der ein Kuchen zubereitet wurde.

Pariser Kuchen von weißer Schokolade

Zubereitungszeit: 40 Minuten, Backzeit: 35 Minuten, Kühlzeit: 4 Stunden

Für 1 Kuchen

Boden
6 Eier (Größe L)
150 g feiner Zucker
50 g zerlassene Butter plus etwas Butter für die Form
180 g Weizenmehl Type 405, gesiebt
1 Pck. Backpulver
1 Prise Salz
5 EL weißer Schokoladenlikör oder ein anderer heller Likör

Füllung
500 g gute weiße Schokolade, in kleine Stücke gehackt
250 g Butter, in kleine Stücke geschnitten
500 g Crème fraîche
Puderzucker zum Bestäuben

1 quadratische Kuchenform mit Hebeboden (24 × 24 cm)

1 Für den Boden **Eier** und **Zucker** in die Rührschüssel geben. Mit dem **Schneebesen** erst auf einer kleinen mittleren Stufe, dann auf höchster Stufe insgesamt 10 Minuten zu einer hellen, schaumigen Eiermasse aufschlagen. Dann die zerlassene **Butter** auf kleiner Stufe einlaufen lassen. **Mehl, Backpulver** und **Salz** vermischen und auf kleiner Stufe löffelweise in die Masse geben.

2 Backofen auf 180 °C Ober-/Unterhitze vorheizen. Den Teig in die **gefettete** Form geben und 35 Minuten backen. Auf einem Kuchengitter 10 Minuten abkühlen lassen. Aus der Form nehmen und ganz auskühlen lassen. Den Teig gleichmäßig dick wie ein Brötchen aufschneiden. **Likör** mit 3 EL heißem Wasser vermengen. Die Schnittflächen der beiden Teighälften damit bepinseln. Eine Teighälfte mit der Schnittseite nach oben wieder in die Form geben.

3 Für die Füllung die **Schokolade** mit der **Butter** im Wasserbad bei mäßiger Temperatur schmelzen, dabei immer gut rühren. Weiterhin im Wasserbad die **Crème fraîche** nach und nach in die Masse rühren. Hinweis: Wenn der Wärmeunterschied zwischen Schokomasse und Crème fraîche zu groß ist, flockt die Masse aus. Im Wasserbad unter Rühren bindet sie dann aber cremig ab. Nur Geduld also!

4 Sobald alles gut vermengt ist, die Masse in die gekühlte Kuchenform geben. Die zweite Bodenhälfte mit der dunklen Seite auf die Creme setzen und leicht und gleichmäßig in die Creme drücken. Den Kuchen mindestens 4 Stunden kalt stellen. Mit einem Messer zwischen Kuchenrand und der Form entlangfahren. Kuchen aus der Form lösen, mit **Puderzucker** bestreuen und servieren.

Tipp: Für die beste weiße Schokolade halte ich die Callebaut in Callets-Form.

Feiner Haselnusskuchen

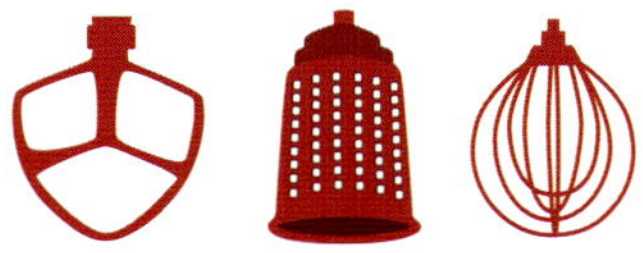

Zubereitungszeit: 30 Minuten, Kühlzeit: 1 Stunde, Backzeit: 30 Minuten

Für 1 mittelgroßen Kuchen

Mürbeteig
250 g Mehl Type 405
125 g kalte Butter, in Würfel geschnitten, plus etwas Butter für die Form
60 g Zucker
1 Ei
3 g Salz

Belag
200 g Haselnusskerne
25 g Mehl Type 405 plus etwas Mehl zum Bestäuben
2 Eier
60 g Zucker
1 Prise Salz
1 TL Zimt
40 g flüssiger Honig
100 g Sahne

1 runde Tortenbodenform mit Hebeboden (ø 22 oder 24 cm)

1 Für den Mürbeteig alle **Zutaten** in die Rührschüssel geben und mit dem **Flachrührer** erst auf kleiner, dann auf mittlerer Stufe 2 Minuten zu einem homogenen Teig verarbeiten. Aus der Schüssel nehmen, mit den Händen zusammendrücken und mehrere Mal kraftvoll auf die Arbeitsfläche werfen, um den Teig gut zu verdichten. Anschließend zwischen Klarsichtfolie leicht ausrollen und mindestens 1 Stunde im Kühlschrank kühlen.

2 Für den Belag den Ofen auf 180 °C Umluft vorheizen. Die **Haselnüsse** auf einem Blech circa 10 Minuten rösten, ab und zu durchrütteln. Dann in ein Küchentuch geben und gegeneinanderreiben, um den größten Teil der braunen Haut zu entfernen. Die Hälfte der Haselnüsse (dafür die schönsten aussortieren) beiseitestellen. Die restlichen Nüsse mit einem elektrischen Zerkleinerer oder einer **feinen Raspeltrommel** zerkleinern.

3 Die Tortenbodenform **einfetten** und 5 Minuten in den Gefrierschrank stellen. Den Teig aus dem Gefrierschrank nehmen und 5 Minuten Temperatur annehmen lassen. Die obere Folie abziehen und circa 3 cm überlappend unter die andere Folie legen, sodass sich eine große Folienfläche ergibt. Den Teig anheben und jetzt mittig auf die Folie legen. Mit etwas **Mehl** bestäuben und mit dem Nudelholz etwas größer als die Grundfläche der Form rund ausrollen. Den Teig in die kalte Form setzen, den Rand gut andrücken und die obere Kante sauber abtrennen. Den Teigboden mit einer Gabel mehrfach einstechen. Noch einmal für 10 Minuten in den Gefrierschrank stellen. Der abgetrennte Restteig kann eingefroren oder für ein kleines Tartelette verwendet werden.

4 **Eier, Zucker, Salz, Zimt** und **Honig** in der Rührschüssel mit dem **Schneebesen** 3–4 Minuten auf höchster Stufe cremig aufschlagen. Auf kleine Stufe stellen und **Sahne,** zerkleinerte Haselnüsse und das **Mehl** zugeben. Die Masse gleichmäßig in die gut durchgekühlte Tarteform füllen und die ganzen Haselnüsse obenauf verteilen. Backofen auf 200 °C Ober/-Unterhitze vorheizen. Tarte auf die mittlere Schiene geben und circa 30 Minuten hellbraun backen.

Apfel-Streuselkuchen

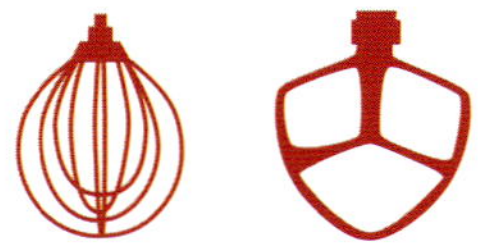

Zubereitungszeit: 25 Minuten, Backzeit: 45 Minuten

Für 1 Kuchen

Teig

70 g weiche Butter plus etwas Butter für die Form
70 g feiner Zucker
2 zimmerwarme Eier (Größe L)
125 g Weizenmehl Type 405
1 TL Backpulver
1 Prise Salz
50 g zimmerwarme Milch
5 große Äpfel (Elstar oder Lieblingsapfel mit schöner Säure und Süßkraft), geschält, Kerngehäuse entfernt, in dünne Stücke geschnitten

Streusel

110 g Weizenmehl Type 405
30 g Zucker
60 g Butter
1 Prise Salz
1 Msp. Backpulver

1 runde Kuchenform mit Hebeboden (ø 22 oder 24 cm)

1 Für den Teig die Backform **einfetten** und 15 Minuten kalt stellen. Alle **Zutaten** bis einschließlich Milch in die Rührschüssel geben und mit dem **Schneebesen** auf mittlerer Stufe zu einer cremigen Masse rühren und in die Kuchenform füllen. Die **Apfelstücke** darauf verteilen und leicht in den Teig drücken. Den Backofen auf 200 °C Ober/-Unterhitze vorheizen.

2 Für die Streusel alle **Zutaten** in die benutzte Rührschüssel geben und mit dem **Flachrührer** auf kleiner Stufe zu einer gut vermischten und krümeligen Masse rühren. Die Streusel auf den Apfelstücken gleichmäßig verteilen und den Kuchen 45 Minuten backen.

3 Aus dem Ofen nehmen und in der Form 15 Minuten ruhen lassen. Dann aus der Form lösen und auf einem Kuchengitter abkühlen lassen.

In meiner Kindheit war es schon immer meine Sache, Kuchen zu backen. Dieser Apfelkuchen war uns allen immer der liebste. Nach derselben Rezeptur mache ich ihn heute noch für meinen Mann: mit viel Apfel und wenig Teig. Und am besten noch etwas warm, wenn er auf den Tisch kommt. Wie sagt mein Mann dann immer: „Das ist wie ein Kuss von innen."

Birnenstrudel mit Vanillesauce

Zubereitungszeit: 40 Minuten, Ruhezeit Teig: 1 Stunde, Backzeit: 35 Minuten

Für 6–8 Portionen

Teig

200 g Weizenmehl Type 405 plus etwas Mehl zum Bearbeiten
½ TL feines Meersalz
1 ½ EL Pflanzenöl zum Bestreichen

Füllung

250 g Mascarpone
1 ½ EL Zucker
1 TL Zimt
1 Prise frisch geriebene Muskatnuss
1 kg nicht zu harte Birnen, geschält, geviertelt und von Kerngehäusen befreit
50 g getrocknete Cranberrys
50 g Walnüsse, grob gehackt

Sauce

450 ml Milch
2 EL Zucker
1 Vanilleschote und das ausgeschabte Mark
1 Prise Salz
5 g Speisestärke
2 Eigelb (Größe L)

2 Teigkarten
1 großes Leinentuch

1 Für den Teig das **Mehl** auf die Arbeitsfläche geben und in der Mitte eine Mulde formen. **Salz, Öl** und 120 ml heißes Wasser zugeben. Nun mit den beiden Teigkarten von außen nach innen nach und nach das Mehl einarbeiten und so einen Teig herstellen. Wenn das gesamte Mehl verarbeitet ist, den Teig 2 Minuten mit den Händen kneten. Zu einer Kugel formen, mit einem Küchentuch abdecken und einen umgedrehten warmen, leeren Topf darüberstülpen. So soll der Teig 1 Stunde ruhen.

2 Anschließend den Teig mit etwas **Öl** einstreichen und dann mit den Händen unablässig rund laufen lassen. Dabei immer etwas größer ziehen, als wenn man aus Hefeteig einen Pizzaboden herstellt. Den Teig über dem Handrücken immer weiter leicht auseinanderziehen, bis er möglichst dünn ist. Auf ein leicht **mehliertes** Leinentuch legen. Nun den Teig behutsam weiter von der Mitte nach außen ziehen und auch an den dickeren Rändern zupfen. Der Teig soll am Ende so gleichmäßig dünn sein, dass man fast eine Zeitung durch ihn lesen könnte.

3 Für die Füllung **Mascarpone** mit **Zucker, Zimt** und **Muskat** verrühren. In Flocken auf dem ausgebreiteten Teig verteilen oder auf den Teig streichen. Die **Birnenviertel** durch die **Scheibenschneidereibe** laufen lassen. Auf dem Teig verteilen und darauf die **Cranberrys** und die **Walnüsse** streuen. Die Seiten des Teigs mithilfe des Leinentuchs erst einschlagen und dann wie bei einer Frühlingsrolle vollständig aufrollen. Den Strudel mit der Naht nach unten auf ein mit Backpapier ausgelegtes Blech setzen. Den Backofen auf 180 °C Umluft vorheizen. Den Teig 25 Minuten backen. Dann die Temperatur auf 200 °C erhöhen und den Kuchen weitere 10 Minuten backen.

4 Für die Sauce 300 ml **Milch** mit **Zucker, Vanilleschote** und **-mark** sowie **Salz** kurz aufkochen. Beiseitestellen und 10 Minuten ziehen lassen. Die Vanilleschote entfernen. Restliche **Milch** mit **Stärke** und **Eigelb** verrühren. Vanillemilch erneut aufkochen. Die Milch-Eigelb-Mischung unterrühren und bei milder Hitze 2 Minuten köcheln lassen. Den Kuchen mit der Sauce servieren.

Schoggi-S: schönes Baisergebäck mit weichem Kern

Zubereitungszeit: 15 Minuten, Backzeit: 17 Minuten

Für 12 Stücke

50 g Bitterschokolade (70 %)
75 g Eiweiß (von 2–3 Eiern)
1 Prise Salz
30 g Puderzucker
140 g Kristallzucker

1 Zucker- oder Kochthermometer
1 Spritzbeutel mit grober Rosentülle

1 Die **Schokolade** im Wasserbad schmelzen. Das **Eiweiß** mit **Salz** in die Rührschüssel geben und mit dem **Schneebesen** auf mittlerer Stufe cremig anschlagen. Den **Puderzucker** zugeben und die Masse auf höchster Stufe zu einer festen Konsistenz aufschlagen.

2 **Kristallzucker** mit 30 ml Wasser in einen kleinen Topf geben und aufkochen. Sobald die Temperatur in der brodelnden Zuckermasse 115 °C anzeigt (mit einem Thermometer prüfen), den Sirup zügig im Faden in die laufende Maschine auf kleiner Stufe unter das Eiweiß rühren. Die geschmolzene Schokolade einlaufen lassen und alles gut vermengen, bis sich alle Zutaten vollständig verbunden haben. Den Schoggi-Eischnee in einen Spritzbeutel mit grober Rosentülle geben. Die Masse in zwölf Portionen S-förmig auf ein mit Backpapier ausgelegtes Blech spritzen.

3 Backofen auf 140 °C Ober/-Unterhitze vorheizen. Das Blech hineinschieben. Nach 10 Minuten die Temperatur auf 170 °C erhöhen und bei leicht geöffneter Ofentür (einen Holzlöffel zwischen Tür und Öffnung klemmen) weitere 5–7 Minuten backen. Herausnehmen und abkühlen lassen.

Tipp: Die höhere Hitze und die kurze Backzeit lassen zerbrechliche Außenschalen mit weichem Inneren entstehen – so, wie es sein soll. Idealerweise isst man die Schoggi-S noch am selben Tag. Gut verschlossen und kühl gelagert kann man sie zwei, drei Tage aufbewahren.

Mandelbällchen

Zubereitungszeit: 20 Minuten, Backzeit: 20 Minuten
Für circa 30 Stück

200 g Marzipanrohmasse
300 g Mandeln, gemahlen
50 g Mehl Type 405
1 TL Weinstein-Backpulver
70 g Eiweiß (von 2–3 Eiern)
120–140 g Mandelblättchen
100 g Puderzucker

1 Die **Marzipanrohmasse** am besten im elektrischen Zerkleinerer fein zerkleinern oder auf einer Reibe reiben. Mit **Mandeln, Mehl, Backpulver** und **Eiweiß** in die Rührschüssel geben und mit dem **Flachrührer** auf kleiner Stufe zu einer homogenen Masse verarbeiten.
2 Die Masse aus der Schüssel nehmen und noch einmal kurz mit den Händen durcharbeiten. In circa 30 gleich große Stücke teilen. Mit feuchten Händen daraus kleine Kugeln formen und in den **Mandelblättchen** rollen.
3 Den Backofen auf 180 °C Ober-/Unterhitze vorheizen. Die Bällchen auf ein mit Backpapier ausgelegtes Blech setzen und 17–20 Minuten backen. Die Teigoberfläche sollte leicht aufspringen.
4 Das Blech herausnehmen und die Bällchen noch warm mit **Puderzucker** bestäuben. Sofort servieren oder abgekühlt in eine gut verschließbare Dose geben. So bleiben sie noch 5–7 Tage wunderbar aromatisch und lecker.

Heidesandplätzchen mit Thymian

Zubereitungszeit: 15 Minuten, Ruhezeit Teig: 30 Minuten, Backzeit: 15 Minuten

Für circa 80–88 Stück

300 g Butter
400 g Mehl Type 405
175 g Zucker
1 TL grobes Meersalz
1 EL frische, gehackte Thymianblättchen plus einige Thymianzweige für die Deko

1 Die **Butter** in einem kleinen Topf zerlassen und bräunen lassen, bis die sogenannte Nussbutter entstanden ist. Die Butter abkühlen und wieder fest werden lassen.

2 Die Nussbutter in die Rührschüssel geben und mit dem **Flachrührer** auf kleiner Stufe cremig aufrühren. Die restlichen **Zutaten** zugeben und alles gut verrühren.

3 Den Teig aus der Schüssel nehmen und kurz mit den Händen noch einmal durcharbeiten und dabei ein längliches Stück bilden. Nun den Teig der Länge nach vierteln und jedes Teil zu langen, gleichmäßig dicken Stücken formen. Die Teigrollen abgedeckt 30 Minuten im Kühlschrank ruhen lassen.

4 Den Backofen auf 160 °C Umluft vorheizen. Von den Teigrollen je 20–22 gleich dicke Taler abschneiden. Taler auf drei mit Backpapier ausgelegte Bleche geben. 12–15 Minuten backen. Mit **Thymianzweigen** dekoriert servieren.

Baci d'amore

Zubereitungszeit: 20 Minuten, Ruhezeit Teig: 1 Stunde, Backzeit: 10 Minuten

Für circa 50 Liebesküsse

Teig

40 g dunkle Schokolade (70 %)
125 g Weizenmehl Type 405 plus 2 EL zusätzlich plus etwas Mehl zum Bestäuben
35 g Haselnüsse, fein gemahlen
50 g weiche Butter
35 g Zucker
1 TL Vanillezucker
1 Prise Salz
1 Eigelb

Füllung

200 g Marzipanrohmasse
1 Eiweiß
1 EL Vanillesirup
75 g weiße Schokolade mit Krokant, fein gehackt
ca. 150 Haselnusskerne (ca. 375 g)

Überzug

200 g Bitterschokolade (70 %) oder mildere Schokolade (50 %)

1 Spritzbeutel

1 Für den Teig die **Schokolade** kurz im Wasserbad schmelzen. Das **Mehl** mit fein gemahlenen **Haselnüssen** mischen. **Butter, Zucker, Vanillezucker** und **Salz** mit dem **Flachrührer** auf kleiner Stufe zu einer hellen Masse verrühren. Zwischendurch die Maschine ausstellen und mit einem Teigschaber die Masse von den Rändern zurück in die Mitte geben. Zusätzliche 2 EL **Mehl** einrühren, das **Eigelb** zugeben und alles glatt rühren. Nun die geschmolzene Schokolade zugeben und einrühren. Die Mehl-Haselnuss-Mischung zufügen und alles vermengen.

2 Den Teig aus der Schüssel nehmen und kurz mit den Händen zusammendrücken. Zwischen Klarsichtfolie ein wenig ausrollen und 1 Stunde kalt stellen.

3 Für die Füllung in der Zwischenzeit die **Marzipanrohmasse** mit **Eiweiß, Vanillesirup** und **Schokolade** am besten in einem elektrischen Zerkleinerer zu einer homogenen Masse pürieren.

4 Den gekühlten Teig auf zwei aneinandergelegte Klarsichtfolienbahnen legen. Leicht mit **Mehl** bestäuben und mit dem Nudelholz 3–4 mm dick ausrollen. Briefmarkengroße Stücke ausschneiden und auf ein mit Backpapier ausgelegtes Blech legen. Marzipanmasse in den Spritzbeutel füllen und mittig auf den Teig setzen. Jeweils drei **Haselnüsse** in die Masse drücken.

5 Backofen auf 200 °C Ober-/Unterhitze vorheizen. Die Liebesküsse 10 Minuten backen, herausnehmen und auf einem Kuchengitter abkühlen lassen.

6 Für den Überzug **Schokolade** im Wasserbad schmelzen und über die Baci geben. Schokolade anziehen lassen und das Gebäck sofort servieren. Oder kühl und trocken aufbewahren und innerhalb von 2–3 Wochen genießen.

Ingwergebäck

Zubereitungszeit: 10 Minuten, Ruhezeit Teig: 45 Minuten, Backen: 20 Minuten
Für circa 70 Stück

Teig
2 Eier (Größe L)
425 g Weizenmehl Type 405 plus etwas Mehl zum Bearbeiten
120 g Puderzucker
130 g weiche Butter
100 g Honig
1 Eigelb (Größe L)
½ TL Natron
½ TL gemahlener Zimt
½ TL gemahlener Piment
2 TL gemahlener Ingwer
1 Prise feines Meersalz plus etwas Meersalz zum Bestreichen

1 runder Ravioli-Ausstecher (ø 5–6 cm)

1 1 ganzes **Ei** mit allen weiteren **Zutaten** in die Rührschüssel geben und mit dem **Flachrührer** auf kleiner Stufe zu einem Teig verarbeiten. Aus der Schüssel nehmen, mit den Händen zusammendrücken und mehrere Mal kraftvoll auf die Arbeitsfläche werfen, damit sich der Teig gut verdichtet. In Klarsichtfolie wickeln und 30 Minuten bei Zimmertemperatur ruhen lassen.
2 Die Arbeitsfläche leicht **mehlieren** und den Teig circa 5–6 mm dick ausrollen. Mit einem Ravioli-Ausstecher die Kekse ausstechen und auf ein mit Backpapier ausgelegtes Blech legen. Restliches **Ei** mit etwas **Salz** verquirlen und auf das Gebäck streichen. Mit einer Gabel Verzierungen auf die Plätzchen drücken. 15 Minuten antrocknen lassen.
3 Den Backofen auf 160 °C Ober-/Unterhitze vorheizen. Die Plätzchen 18–20 Minuten backen. Herausnehmen und abkühlen lassen. Am besten in eine gut verschließbare Dose geben und 2–3 Wochen durchziehen lassen.

Tipp: Ein schönes Rezept für Lagergebäck. Es schmeckt – richtig aufbewahrt – noch nach 3 Monaten wirklich gut.

Fast zu schön zum Essen:
Sus Patisserie

In der Regel bestehen die oft sehr kunstvollen Geschöpfe der Patisserie aus Biskuitteigen – aufgefüllt oder umgeben von Cremeschichtungen, Fruchtspiegeln, Schokoladenschichten, Marzipan, Nüssen, Früchten der Saison oder getrockneten Früchten und dergleichen mehr. Zu meiner Enttäuschung wird sehr oft der Einsatz von Zucker auf ein unerträgliches Maß getrieben, was zu einer unnötigen Überbetonung aller weiteren, sowieso schon edlen Zutaten führt. Das ist sehr schade, denn die meisten Zuckermäuler vergessen, dass fast alle Zutaten für die Patisserie schon eine Eigensüße mitbringen. Auch das Säurespiel, das sich zwangsläufig durch den Einsatz von Fruchtzutaten ergibt, ist in den wenigsten Fällen gewissenhaft ausbalanciert. Das führt bei sehr vielen Kreationen zu einer Überbetonung der Schärfe, was dem Rachenraum, in dem es sich entwickeln wird, nicht gerade schmeichelt. Um eine wirklich gelungene oder gar vollendete Kreation zu schaffen, müssen wir uns darüber im Klaren sein, dass unser Geschmacksempfinden durch die Knospen auf der Zunge und durch den Rachenraum stimuliert wird. Und genau hier entscheiden wir über angenehme oder unangenehme Erlebnisse. Wenn wir nun die Menge an Zucker reduzieren, dann geben wir der Zunge mit ihren aktiven Geschmacksknospen auch die Gelegenheit, ohne Überforderung ihre Arbeit zu leisten.

Die meisten Cremes sind eine feinporige Mousse, die mal zart, mal wuchtig parfümiert wird. Wenn diese auf der Zunge langsam zergeht, entfaltet sich das Geheimnis der Feinbäckerei auf eine unbeschreiblich schöne Art und Weise. Und ich bin versucht zu sagen, obwohl ich nicht zu der süßen Fraktion gehöre: Wenn das gelingt, dann wird es ein himmlischer Ausklang sein.

Himbeer-Pannacotta

Zubereitungszeit: 45 Minuten, Kühlzeit: 9 Stunden

Für 8 Portionen

Boden
1 heller, runder Biskuitboden (Rezept Seite 54)
3–4 EL gepoppter Amaranth oder 30 g TK-Erdbeeren

Fruchtteller
350 TK-Himbeeren
2 Blatt Gelatine
75 g Zucker

Marmorierung
1 Blatt Gelatine
150 g TK-Himbeeren
25 g Zucker

Pannacotta-Creme
7 Blatt Gelatine
1,25 kg Sahne
90 g Zucker
1 Prise Salz
Mark von 1 Vanilleschote
Eiswürfel zum Kaltrühren

2 kleine runde Springformen bzw. Backformen (ø 17 cm)
oder 1 runde Springform (ø 28 cm)
1 Backblech, das in den Kühlschrank passt
2 Aluminiumteller oder 2 Pizzableche (ø 16 cm)

1 Für den Boden den **Biskuit** in drei Lagen schneiden. Für dieses Rezept wird eine Lage benötigt, die beiden anderen anderweitig verwenden oder einfrieren. Das Backblech mit Backpapier auslegen. Den Biskuit in Größe der Formen zuschneiden und in der Form auf das Backblech setzen.

2 Für den Fruchtteller die **Himbeeren** langsam aufkochen. 10 Minuten ruhen lassen. In ein bereitgestelltes Haarsieb über einer Schüssel geben. Gut 1 Stunde abtropfen lassen, ohne zu drücken, der Saft muss rein und klar sein. **Gelatine** in kaltem Wasser einweichen. Den Saft in einem Topf mit **Zucker** aufkochen, die Gelatine ausdrücken und mit einem Holzlöffel in die heiße, nicht mehr kochende Flüssigkeit geben. Nicht zu stark rühren, damit kein Schaum entsteht. Falls doch Schaum entsteht, abschöpfen. Den Siebinhalt eventuell anderweitig verwenden.

3 Aluminiumteller großzügig mit Klarsichtfolie auslegen. Die Fruchttellermasse gleichmäßig einfüllen, abkühlen lassen und für 3 Stunden in die Tiefkühlung stellen.

4 Für die Marmorierung **Gelatine** in kaltem Wasser einweichen. **Himbeeren** mit **Zucker** aufkochen und 5 Minuten köcheln lassen. Heiß durch ein Sieb passieren und das ausgedrückte Gelatineblatt einrühren. Beiseitestellen.

5 Für die Pannacotta-Creme **Gelatine** in kaltem Wasser einweichen. 250 g gut gekühlte **Sahne** in der gekühlten Rührschüssel bei höchster Geschwindigkeit mit dem **Schneebesen** steif schlagen und kalt stellen. Restliche **Sahne** mit **Zucker, Salz** und **Vanillemark** aufkochen. Auf kleiner Flamme 5–8 Minuten köcheln lassen, ab und zu durchrühren. Dann die Masse in eine große Schüssel geben. Gelatine ausdrücken und einrühren. Unter Rühren auf Eiswasser kalt rühren, bis die Masse leicht anzieht. Die geschlagene Sahne mit einem Gummischaber unterziehen.

6 Die Hälfte der Masse in die vorbereiteten Kuchenformen gießen. Die Fruchtteller aus dem Gefrierschrank nehmen, die Folie abziehen und mittig in die Formen setzen. Leicht andrücken und die restliche Cememasse auffüllen. Nun jeweils die Hälfte der Himbeermasse für die Marmorierung mit dem Esslöffel auf den Kuchen verteilen und mit einer Gabel leicht durch die Masse fahren. Für 6 Stunden kalt stellen.

7 Mit einem in warmes Wasser getauchten Messer den Rand lösen. Kuchen herausnehmen und den Rand mit gepopptem **Amaranth** oder zerkleinerten gefriergetrockneten **Erdbeeren** bedecken.

Tipp: Fondantdekor selbst gemacht. Rollfondant ausrollen, am besten auf einer Silikonmatte mit etwas Puderzucker. Mit einem Förmchenausstecher die gewünschte Form ausstechen und trocknen lassen. Es gibt auch Prägematten, die beim Ausrollen ein schönes Muster erzeugen

Zitronen-Fruchttörtchen

Zubereitungszeit: 45 Minuten, Backzeit: 20 Minuten, Kühlzeit: 8 Stunden

Für 4 Portionen

Wiener Boden
2 Eier
50 g Zucker
1 Prise Salz
20 g Butter, zerlassen
1 TL Backpulver
60 g Weizenmehl Type 405, gesiebt
4 ml Limoncello
4–5 EL Kokosflocken
kleine Früchte zum Dekorieren
Fondantdekor, selbst gemacht oder gekauft (siehe Tipp)

Zitronencreme
125 ml frisch gepresster Zitronensaft (von etwa 3 Zitronen)
100 g Zucker
2 Eier (Größe L)
325 g Sahne
6 Blatt Gelatine

Himbeergelee
350 TK-Himbeeren
2 Blatt Gelatine
75 g Zucker

1 runde Springform (ø 21 cm) und 2 runde Tortenringe (ø 12 cm)

1 Für den Wiener Boden **Eier, Zucker** und **Salz** in der Rührschüssel mit dem **Schneebesen** auf hoher Stufe einige Minuten schaumig aufschlagen. Dann auf kleiner Stufe die zerlassene **Butter** und das mit **Backpulver** vermischte **Mehl** löffelweise zugeben. Springform mit Backpapier auskleiden. Masse hineingeben. Den Backofen auf 180 °C Ober-/Unterhitze vorheizen. Den Boden 17–20 Minuten backen. Auskühlen lassen und den oberen gebräunten Deckel dünn abschneiden. Aus dem Teigboden zwei Böden für die Tortenringe zuschneiden, in die Ringe setzen und mit **Limoncello** beträufeln.

2 Für die Zitronencreme den **Zitronensaft** mit **Zucker** in eine säure- und hitzebeständige Schüssel geben und im Wasserbad erhitzen. Die **Eier** mit 125 g **Sahne** mixen. Einen Teil von der Zitronenmasse in die Eiermasse geben und durchmixen. Dann alles zusammen in die Schüssel im Wasserbad geben und gut durchrühren. Bei mittlerer Hitze 20 Minuten abbinden lassen, dabei immer wieder gut durchrühren. Die Masse auskühlen lassen.

3 Restliche **Sahne** cremig und nicht zu fest aufschlagen. Die **Gelatine** in kaltem Wasser einweichen. **Limoncello** erhitzen, aber nicht kochen. Die Gelatine ausdrücken und einrühren. 2 EL von der kalten Zitronencreme mit einrühren, dann alles mit der restlichen kalten Zitronencreme verrühren. Die geschlagene Sahne unterziehen und alles sofort in die vorbereiteten Tortenringe geben. Glatt streichen und zur oberen Kante des Rings einen freien Abstand von mindestens 1 cm lassen. Für 2 Stunden in den Kühlschrank stellen.

4 Für das Himbeergelee die **Himbeeren** langsam aufkochen und 10 Minuten ruhen lassen. Eine Schüssel mit einem Haarsieb bereitstellen. Die Himbeeren daraufgeben und gut 1 Stunde abtropfen lassen, ohne zu drücken. Der abgetropfte Saft muss rein und klar sein. Die **Gelatine** in kaltem Wasser einweichen. Den Saft in einem Topf mit **Zucker** aufkochen, die Gelatine ausdrücken und mit einem Holzlöffel in die heiße, nicht mehr kochende Flüssigkeit geben. Nicht zu stark rühren, damit kein Schaum entsteht, gegebenenfalls den Schaum abschöpfen. Die Masse jetzt auf die Törtchen verteilen und erneut 2 Stunden durchkühlen lassen.

5 Die Törtchen vorsichtig mit einem Messer aus der Form lösen und den Rand mit **Kokosflocken** bedecken. Mit **Früchten** und **Fondantdekor** dekorieren.

Passionsfrucht-Cremetorte

Zubereitungszeit: 45 Minuten, Kühlzeit: 6 Stunden

Für 8 Portionen

Boden

1 heller, runder Biskuitboden (nicht zu dick, ø 22–24 cm; Rezept Seite 54, halbe Menge)
3–4 EL Kokosflocken
3–4 EL Miroir neutre (geschmacksneutrales Gel zur Herstellung von Spiegeln und Sahnetorten), alternativ ein erwärmtes helles Fruchtgelee, z. B. Passionsfrucht-, Apfel-, Quitten- oder Weißweingelee
3 EL ungesüßtes Passionsfruchtpüree

Himbeercoulis

50 g frische oder TK-Himbeeren
1 EL Zucker

Creme

450 g Frischkäse (Doppelrahmstufe)
300 g Joghurt (3,5 % Fett)
225 g ungesüßtes Passionsfruchtpüree
200 g Zucker
1 Prise Salz
7 Blatt Gelatine
50 ml Weißwein oder Sekt
200 g Sahne, geschlagen

1 runde Backform mit Hebeboden (ø 22–24 cm)

1 Für den Boden die Kuchenform mit dem **Biskuit** auslegen und beiseitestellen.

2 Für das Himbeercoulis die **Himbeeren** mit **Zucker** aufkochen und 1 Minute köcheln lassen. Durch ein kleines Sieb passieren, auskühlen lassen.

3 Für die Creme **Frischkäse, Joghurt, Passionsfruchtpüree, Zucker** und **Salz** in der Rührschüssel mit dem **Schneebesen** auf kleiner Stufe cremig rühren. **Gelatine** in kaltem Wasser einweichen. **Weißwein** oder **Sekt** in einem kleinen Topf erhitzen, die Gelatine ausdrücken und in den Wein rühren, nicht kochen! Die Flüssigkeit in die Masse einrühren und die geschlagene **Sahne** mit dem Gummischaber unterziehen. Die Creme in die vorbereitete Form füllen. 6 Stunden oder länger kalt stellen.

4 Den Kuchen aus der Form lösen, den Rand mit **Kokosflocken** bedecken. **Miroir neutre** oder ein **Fruchtgelee** und das **Passionsfruchtpüree** mit dem Schneebesen gut verrühren und auf die Oberfläche streichen. Mit dem Spritzbeutel aus dem Himbeercoulis zehn Punkte auf die Oberfläche setzen. Mit einem kleinen Messer einmal längs und einmal quer durch die Punkte streichen. Den Kuchen kalt und frisch servieren. Er passt hervorragend zu einem schönen, kalten, fruchtigen Weiß- oder Schaumwein.

Mango-Cremetörtchen

Zubereitungszeit: 1 Stunde, Kühlzeit: 12 Stunden

Für 6–8 Portionen

Törtchen

1 heller kantiger Biskuitboden (Rezept Seite 54, halbe Menge)
4–6 EL gepuffte Quinoa (aus dem Bioladen oder Reformhaus)
4 EL Miroir neutre (geschmacksneutrales Gel zur Herstellung von Spiegeln und Sahnetorten; alternativ ein erwärmtes helles Fruchtgelee)
3 EL Mangopüree

Mangocreme

90 g Zucker
90 g Eier (z. B. circa 1 ½ Eier in Größe L)
150 g ungesüßtes Mangopüree
6 g Kartoffelstärke
120 g Butter, in kleine Stücke geschnitten

Himbeercoulis

50 g frische oder TK-Himbeeren
1 EL Zucker

Quarkcreme

5 Blatt Gelatine
250 g Magerquark
100 g Zucker
2 Eigelb
50 ml Weißwein
2 Eiweiß, steif geschlagen
250 g Sahne, steif geschlagen

1 runde Springform (ø 26–28 cm) oder 6 Ausstechringe (ø 12 cm) oder 8 Ausstechringe (ø 8 cm)
1 Spritzbeutel mit Lochtülle

1 Für die Törtchen **Biskuitboden** auf Springformgröße oder Größe der Ausstechringe zuschneiden und hineinsetzen. Auf ein mit Backpapier ausgelegtes Backblech geben und beiseitestellen.

2 Für die Mangocreme **Zucker, Eier, Mangopüree** und **Kartoffelstärke** in eine hitze- und säurebeständige Schüssel geben und gut durchrühren. Im Wasserbad 15 Minuten abrühren, bis die Masse durchgängig heiß ist und anzieht wie eine leichte Mayonnaise. Die **Butter** in eine andere säurebeständige Schüssel geben und die heiße Mangomasse daraufgeben. Mit dem **Schneebesen** so lange rühren lassen, bis sich die Butter komplett in die Masse eingebunden hat. Die Masse für 2 Stunden in den Kühlschrank stellen.

3 Die Masse mit dem Spritzbeutel als Spirale in die Springform beziehungsweise die Ringe spritzen, dabei einen kleinen freien Außenrand von 3–4 mm lassen. Kalt stellen.

4 Für das Himbeercoulis die **Himbeeren** mit **Zucker** aufkochen und 1 Minute köcheln lassen. Durch ein kleines Sieb passieren und auskühlen lassen.

5 Für die Quarkcreme **Gelatine** in kaltem Wasser einweichen. **Quark** mit **Zucker** und **Eigelben** in die Rührschüssel geben und mit dem Schneebesen 3–4 Minuten auf kleiner Stufe durchrühren. Den **Weißwein** erhitzen (nicht kochend heiß werden lassen) und die ausgedrückte Gelatine einrühren. In die Quarkmasse einlaufen lassen. Den Eischnee und die Sahne mit einem Handschneebesen unterziehen. Die Crememasse in die Form(en) geben. Dabei das Blech leicht auf die Arbeitsfläche stoßen, damit Luftblasen entweichen können. Dann am besten über Nacht kalt stellen.

6 Mit einem in warmes Wasser getauchten Messer den Kuchen aus der Springform lösen. Den Rand mit gepuffter **Quinoa** bedecken. **Miroir neutre** oder ein **Fruchtgelee** mit 3 EL **Mangopüree** gut verrühren und gleichmäßig auf dem Kuchen verteilen. Das Himbeercoulis in versetzten Punkten – oder wie man es am liebsten mag – aufbringen und mit einem kleinen Messer durch die Punkte streichen. 10 Minuten in den Gefrierschrank stellen und dann servieren.

Weiße Schokoladen-Kokosnuss-Törtchen

Zubereitungszeit: 60 Minuten, Kühlzeit: 5 Stunden

Für 3 runde Törtchen

1 heller oder dunkler, kantiger Biskuitboden (Rezepte Seite 54–55, halbe Menge)
320 g weiße Schokolade
70–75 g Eigelb (von 3–4 Eiern)
70 g Würfelzucker
6 Blatt Gelatine
100 ml Kokosmilch
300 g Sahne, geschlagen
3–4 EL Kokosflocken
18–21 Physalis
6 EL kleine Knusperkugeln oder kleine Schokoladenperlen

3 Ausstechringe (ø 12 cm) oder 1 runde Backform mit Hebeboden (ø 22–24 cm)

1 Aus dem **Biskuitboden** mit dem Ausstecher drei runde Stücke ausstechen. In die Ringe setzen und auf mit Backpapier ausgelegte Teller oder ein kleines mit Backpapier ausgelegtes Backblech setzen. Oder eine große Backform entsprechend verwenden.

2 **Schokolade** im Wasserbad bei wenig Hitze schmelzen. Die **Eigelbe** in die Rührschüssel geben. Mit dem **Schneebesen** zunächst auf niedriger Stufe und dann auf mittlerer Stufe insgesamt gut 3 Minuten cremig aufrühren. Den **Würfelzucker** in einem Topf mit 17 ml Wasser bei mittlerer Temperatur zum Kochen bringen und 2 Minuten zu Sirup köcheln lassen. Den heißen Zuckersirup auf niedriger Stufe in die Masse einlaufen lassen.

3 Die **Gelatine** in kaltem Wasser einweichen und ausdrücken. Mit in die Rührschüssel geben, verrühren und dann die warme Schokolade einlaufen lassen. Danach die **Kokosmilch** hineingeben. Die Masse jetzt auf hoher Stufe kalt rühren, das dauert circa 5–8 Minuten. Temperaturtest: Die Küchenmaschine ausstellen und mit einer (sauberen) Fingerspitze den Topfboden ertasten, er sollte kalt sein. Dann die geschlagene **Sahne** mit einem Gummischaber unterziehen.

4 Die Creme in die vorbereiteten Ringe abfüllen, eventuell mit der Creme auf der Oberfläche ein dekoratives Muster herstellen und für mindestens 4 Stunden kalt stellen. Vor dem Entfernen der Ringe die Törtchen 15 Minuten in den Gefrierschrank stellen. Dann die Ringe mithilfe eines in warmes Wasser getauchten Messers lösen. Den Rand der Törtchen mit **Kokosflocken** bedecken. Mit den **Physalis** und kleinen **Knusperkugeln** oder **Schokoladenperlen** ausdekorieren. Die Physalis eventuell mit flüssiger Schokolade verzieren.

Schokoladen-Espresso-Kuchen mit Rosmarin

Zubereitungszeit: 25 Minuten, Backzeit: 45 Minuten

Für 1 Kuchen

Kuchen
250 g hochwertige Bitterschokolade (70 %)
250 g Butter, gewürfelt, plus etwas Butter für die Form
8 Eier (Größe L)
250 g feiner Zucker
1 großer, starker Espresso
150 g Weizenmehl Type 405
1 TL gehackter Rosmarin
1 Prise Salz

Glasur
100 g Bitterschokolade (50 %)
125 g Sahne
5 EL kleine Crispearls von Callebaut, Schokoladenkeksperlen oder Zuckerperlen
1 kleiner Zweig Rosmarin

1 runde Kuchenform mit Hebeboden (ø 22 oder 24 cm)

1 Für den Kuchen die **Schokolade** mit der **Butter** im Wasserbad schmelzen und gut durchrühren. Die **Eier** mit dem **Zucker** in die Rührschüssel geben und mit dem **Schneebesen** erst auf kleiner, mittlerer Stufe und dann 5–6 Minuten auf höchster Stufe cremig aufschlagen. Auf kleiner Stufe die Schokoladenmasse einlaufen lassen. Den **Espresso** zufügen. Das **Mehl** mit **Rosmarin** und **Salz** mischen und ebenfalls einarbeiten.

2 Den Backofen auf 180 °C Ober-/Unterhitze vorheizen. Die Kuchenform **einfetten** und den Boden zusätzlich mit Backpapier auslegen. Die Masse in die Form füllen und 45 Minuten backen.

3 Aus dem Backofen nehmen, auf einem Kuchengitter 15 Minuten abkühlen lassen und aus der Form lösen. Zurück auf das Gitter geben und das Gitter auf ein Blech stellen.

4 Für die Glasur die **Schokolade** mit der **Sahne** im Wasserbad unter ständigem Rühren erhitzen, bis alles gut vermengt und gleichmäßig erwärmt ist. Die Glasur auf den Kuchen streichen und 15–20 Minuten anziehen lassen. Dann die **Schoko-** oder **Zuckerperlen** darauf verteilen und mit **Rosmarin** ausdekorieren.

Tipp: Alternativ zu Pailleté Feuilletine können Sie Gavottes Waffelröllchen Natur verwenden.

Schokomousse-Törtchen mit Knusperboden und Blattgold

Zubereitungszeit: 40 Minuten, Kühlzeit: 3–6 Stunden

Für 6–8 Portionen

Boden

30 g Bitterschokolade (70 %)
135 g Pailleté Feuilletine (Bezugsquelle siehe Seite 199)
105 g Crème de Nougat (alternativ Haselnuss- oder Walnussmark)
60 g Butter, zerlassen

Füllung

6 Eiweiß (Größe L)
250 g Sahne
300 g Schokolade (50 %)
6 Eigelb (Größe L)
130 g feiner Zucker
1 Prise Salz
3 Blatt Gelatine
5 cl Weißwein

Deko

15 g weiße Schokolade
2–3 EL Kakaopulver
16 Schokoladenhohlkugeln
etwas Krokant
1 Blatt Blattgold (24 Karat)

1 runde Backform mit Hebeboden (ø 26–28 cm) oder
6–8 unterschiedlich große, runde Ausstecher (ø 12 bzw. 6 cm)

1 Für den Boden die **Schokolade** im Wasserbad schmelzen. Die **Pailleté Feuilletine** mit **Crème de Nougat** oder **Nussmark,** flüssiger, warmer Schokolade und **Butter** in eine Schüssel geben und gut durchmengen. Ein Backblech mit Backpapier auslegen. Die Backform oder die kleinen Formen auf das Backblech setzen und die Knuspermasse einfüllen. Mit einem Löffel die Knuspermasse gut andrücken und mindestens 2 Stunden kalt stellen. Dann 10 Minuten in den Gefrierschrank geben.

2 Für die Füllung **Eiweiß** zu Eischnee schlagen und die **Sahne** cremig aufschlagen. **Schokolade** im Wasserbad schmelzen. Die **Eigelbe** mit **Zucker** und **Salz** in der Rührschüssel mit dem **Schneebesen** auf kleiner Stufe anschlagen und dann 5–6 Minuten auf hoher Stufe cremig aufschlagen. **Gelatine** in kaltem Wasser einweichen. Den **Weißwein** erhitzen, aber nicht kochen, und die Gelatine ausgedrückt zugeben. Gut verrühren und in die Eimasse laufen lassen. Mit einem Handschneebesen jetzt die Schokolade, dann das Eiweiß und zum Schluss die Sahne unterziehen. Die Schokomoussemasse in die Form(en) füllen. Am besten über Nacht im Kühlschrank durchkühlen lassen.

3 Für die Deko die **Schokolade** im Wasserbad schmelzen. Mit einem in warmes Wasser getauchten Messer die Kuchenform oder die Ausstecher lösen und entfernen. Die Mousse mit **Kakaopulver** bestäuben, die **Schokoladenhohlkugeln** darauf verteilen. Den Rand mit **Krokant** bedecken. Mit etwas flüssiger Schokolade je einen Klecks mittig daraufsetzen und das **Blattgold** in die Mitte setzen.

Marquise au Chocolat

Zubereitungszeit: 40 Minuten, Kühlzeit: 3 Stunden

Für 8 Portionen

1 dunkler, kantiger Biskuitboden (Rezept Seite 55, halbe Menge)
250 g Schlagsahne
3 Eigelb
70 g Zucker
70 g Milchschokolade (50 %)
125 g Butter, geschmolzen
85 g Kakaopulver, gesiebt
Schokoladenperlen oder Schokoladenraspel für den Rand
weiße Schokolade oder Beeren für die Deko

2 Ausstechringe (ø 15 cm)
1 Backblech, das in den Kühlschrank passt

1 Backblech mit Backpapier auslegen. Den **Biskuit** ausstechen und in den Formen lassen. Auf das Backblech setzen und zur Seite stellen.

2 Alle folgenden Schritte sollten gut vorbereitet sein. Die **Sahne** in der Rührschüssel mit dem **Schneebesen** cremig aufschlagen, dabei auf kleiner Stufe anfangen und langsam bis zu einer mittleren Stufe erhöhen. Sahne kalt stellen. Die **Eigelbe** mit **Zucker** und 1 EL warmem Wasser in der Rührschüssel mit dem Schneebesen erst auf kleiner Stufe und dann auf hoher Stufe cremig aufschlagen.

3 Die **Schokolade** im Wasserbad schmelzen. **Butter** in einem Topf schmelzen und dann zügig den **Kakao** einrühren. Jetzt mit einem Handschneebesen erst die Schokolade in die Eiermasse rühren und dann sofort die Butter-Kakao-Mischung. Alles gut durchrühren und die Sahne unterziehen, bis sich alles gut vermengt hat. Das sollte alles sehr schnell nacheinander erledigt werden.

4 Die Masse in die Formen füllen und für 3 Stunden im Kühlschrank gut durchkühlen lassen. Die Törtchen mit einem in warmes Wasser getauchten Messer aus den Formen lösen und herausnehmen. Den Rand mit kleinen **Schokoladenperlen** oder **Schokoladenraspeln** bedecken. Nach Belieben mit flüssiger weißer **Schokolade** oder einigen **Beeren** dekorieren.

Tipp: Man kann die Törtchen auch in vier halbrunden Kugelförmchen (ø 11 cm) zubereiten.

Weißes Sesamtörtchen

Zubereitungszeit: 40 Minuten, Backzeit: 20 Minuten, Kühlzeit: 4 Stunden

Für 1 Kuchen

1 dunkler, kantiger oder runder Schokoladen-Biskuitboden (Rezept Seite 55; halbe Menge für den kantigen Boden)
4 Blatt Gelatine
20 g weiße Sesamsaat und 6–8 EL für die Umhüllung
200 g gezuckerte Kondensmilch (z. B. Milchmädchen)
500 g Sahne
1 Prise Salz
einige Beeren für die Deko

1 Stabmixer
1 runde Backform mit Hebeboden (ø 22–24 cm)

1 Den **Biskuit** in der Größe der Backform zuschneiden. **Gelatine** in kaltem Wasser einweichen. **Sesam** in einer Pfanne ohne Fett leicht anrösten. **Kondensmilch** zum Sesam geben und auf kleiner Hitze 2–3 Minuten köcheln lassen, dabei wie beim Rührei immer die Masse in Bewegung halten und vom Rand lösen. 100 g **Sahne** und **Salz** zugeben und unter Rühren aufkochen. In der Masse werden sich nun kleine Stückchen gebildet haben. Die Masse in ein hohes Gefäß geben und mit dem Stabmixer durchmixen. Die Gelatine ausdrücken und zugeben.

2 Restliche **Sahne** in der Rührschüssel mit dem **Schneebesen** steif schlagen. Dabei auf kleinster Stufe anfangen und langsam höhere Stufen wählen, bis die Sahne cremigfest ist. Die Masse kalt rühren, bis sie leicht anzieht. Die geschlagene Sahne zugeben und unter die Masse ziehen. In die mit Klarsichtfolie ausgelegte Backform füllen und für 4 Stunden im Kühlschrank kalt stellen.

3 Biskuit auf die Masse in der Backform legen, das Törtchen umgedreht aus der Form nehmen und die Klarsichtfolie vorsichtig abziehen. Mit **Sesam** bestreuen und mit den **Beeren** dekorieren.

Tagliatelle
Fusilli
Rigatoni
Bucatini
Spaghetti
Makkaroni

Sinnvolles Zubehör für Ihre Küchenmaschine

Piktogramm-Legende

SCHNEEBESEN
zum Aufschlagen von Sahne und Eiweiß, Biskuit- und Eierschaummassen, Cremes und Puddings, Mousses und Saucen wie auch zum Herstellen von Fruchtmassen und Dressings

KNETHAKEN
für schwere Teige wie Brot-, Hefe- und Sauerteige sowie Pizzateige

FLACHRÜHRER
zum Vermengen von Fisch-, Fleisch- und Teigmassen für Hackfleischbällchen, Burgern, Pasteten und Terrinenfüllungen, Fleischbrät für Würstchen, Nudelteigen, Mürbeteigen, Spritzgebäckteigen und schweren Kuchenteigen wie zum Beispiel Honigkuchen und Lebkuchen, für feste Aufstriche und Cremes

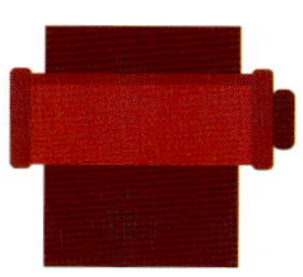

NUDELBLATTROLLER
bzw. Nudelwalze zum Teigauswalzen von Lasagneblättern, Ravioli, Nudelschnecken, breiten Nudeln, allen Arten von gefüllten Nudeln und auch für die Vorbereitung von Spaghetti und Bandnudeln, wonach dann der Spaghetti- oder Bandnudelschneider zum Einsatz kommt

BANDNUDELSCHNEIDER
zum Schneiden von Bandnudeln

SPAGHETTISCHNEIDER
zum Schneiden von Spaghetti

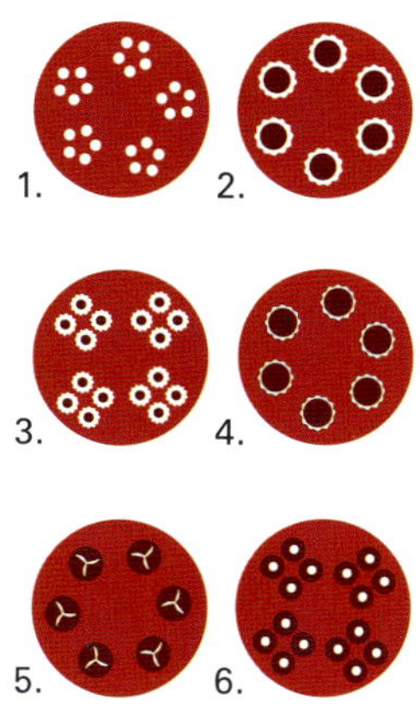

NUDELEINSÄTZE/NUDELVORSÄTZE

1. Spaghettischneider (Pastalänge circa 25 cm)
2. Rigatoni-Einsatz (Pastalänge circa 4 cm)
3. kleiner Makkaroni-Einsatz (Pastalänge circa 4 cm)
4. Makkaroni-Einsatz (Pastalänge bis zu 5 cm)
5. Fusilli-Einsatz (Pastalänge traditionell 24 cm, kurz 4 cm)
6. Bucatini-Einsatz (Pastalänge circa 5–7 cm)

FLEISCHWOLF

zum Zerkleinern bzw. Wolfen von Fleisch, Fisch, Geflügel und Gemüse, Maronen, Nüssen, festem Obst oder Backobst sowie trockenem Brot

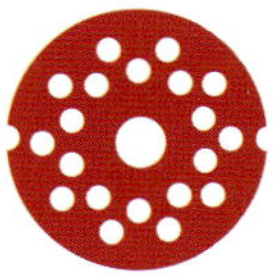

FEINE SCHEIBE

GROBE SCHEIBE

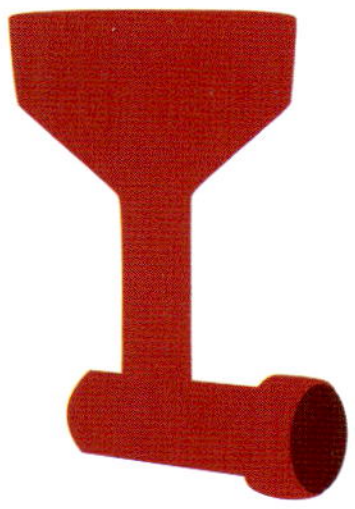

GETREIDEMÜHLE

zum Zermahlen von Weizen, Hafer, Reis, Mais, Gerste, Buchweizen, Hirse und anderen nicht ölenden Getreidesorten mit niedrigem Feuchtigkeitsgehalt

GROSSES FÜLLHORN

zum Füllen von groben Würsten und Cannelloni

KLEINES FÜLLHORN

zum Füllen von Würsten oder Nudeln

RASPELN UND REIBEN

Schneidetrommel: zum Schneiden von Gemüse und Obst in Scheiben

Mittlere Raspeltrommel: zum Raspeln von Gemüse, Obst, Käse, Nüssen und Schokolade

Grobe Raspeltrommel: zum Raspeln von Gemüse, Obst und Wurzelgemüse

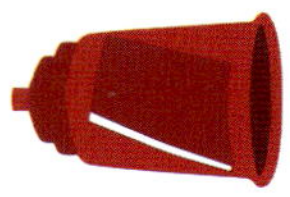

SCHNEIDETROMMEL

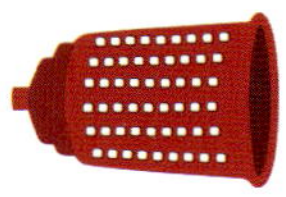

FEINE RASPELTROMMEL

GROBE RASPELTROMMEL

GEMÜSESCHNEIDER

zum Schneiden von Gemüse und Kartoffeln in verschiedenen Varianten (Scheiben, Julienne oder Würfel)

WÜRFELEINSATZ

zum Würfeln von Gemüse, Obst und weichem Käse, für Cremes, Ratatouille und Gemüsesuppen, Gemüse- oder Obstsalate, Rohkostsalate, Bratkartoffeln bzw. Carré-Kartoffeln, für Füllungen

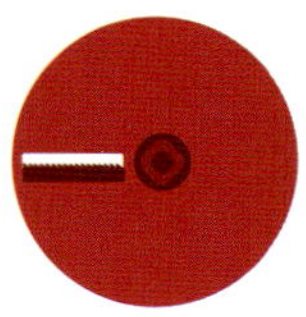

JULIENNEREIBE

für das Zuschneiden von Gemüse oder Kartoffel-julienne, für Wok-Gerichte, Gemüse- oder Kartoffelnester, frittierte Stiftkartoffeln, Apfel- oder Birnenjulienne

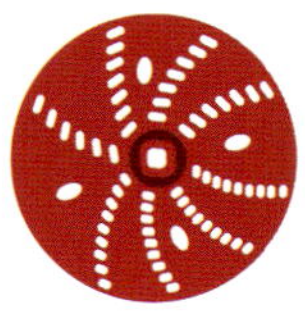

BEIDSEITIGE SCHNEIDEREIBE

(fein und grob) zum Schneiden von Rohkost-salaten, Kartoffelpuffern, Rösti, Gemüse-füllungen, Suppenstock

SCHEIBENSCHNEIDEREIBE

zum Schneiden von schönen Gemüse- oder Obstscheiben für Kohlgerichte, Kartoffelgratins, Aufläufe, Rohkostsalate, Galetten, Bratkartoffeln, Pommes Anna und Kartoffeltartes

Glossar

Amaranth Getreideähnliche Pflanze, deren stärkehaltige Samen und spinatähnliche Blätter in der Küche Verwendung finden. Sehr geschätzt wegen der Aminosäure Lysin, die in anderen Getreidesorten meist nur in sehr geringen Mengen enthalten ist.

anschwitzen Zutaten bei niedriger Temperatur unter Zugabe von Fett langsam erhitzen. Dabei verändert sich die Textur der Rohmaterialien, sie werden glasig, weil die Hitze ihre äußere Zellstruktur aufbricht.

aufwallen Fachbegriff für kurz aufköcheln lassen

Ausstecher; diverse Formen Ein Standardwerkzeug in der Küche. Bestens als Ringsortiment verschiedener Größen für Ringstiche in Teigen und festen Speisen, aber auch zum Anrichten und präzisem Garnieren im Einsatz.

blindbacken, auch **leerbacken** Meint das Vorbacken von Mürbeteigen, die mit Backerbsen belegt werden, damit die Teige nicht aufgehen oder beim zweiten Backen nicht durch Flüssigkeiten durchweicht werden.

falsches Filet Vom Rind, Teil des Bugs, also des Schulterstücks (Schulterstück besteht aus mittlerem Schaufelstück, dickem Bug und falschem Filet), auch Bugfilet, Buglende, falsche Lende, Buglummer, Schulterlende genannt.

Fleur de Sel [franz.; Salzblume] Ein Meersalz, das sehr feinflockig ist und anders als grobes Meersalz, das in den Salinen zu Boden sinkt, von der Oberfläche abgeschöpft wird. Eine Delikatesse.

Fruchtcoulis [franz.; fließen] Flüssiges Püree aus Früchten zum Verfeinern und Verzieren aller hochwertigen Dessertzubereitungen, insbesondere in der Patisserie ein kunstvoll eingesetztes Mittel, um dekorative Fruchtspiegel auf der Oberfläche zu erzeugen.

Gavottes [bretonische Waffelröllchen] In der Regel ungefüllt, aber auch mit diversen Cremes oder Schokoladenüberzügen erhältlich.

Gärkorb Für Backwaren, meist Brote, verwendeter Korb aus Weidenästen oder Schilfgeflecht, der durch seine luftdurchlässige Struktur dem Teigrohling beim Gehen (Gären) zu einer homogenen Porigkeit verhilft.

Julienneschneider [franz.: julienne = lange, dünne Stifte aus Gemüse] Gilt als eine der klassischen Schnittformen der französischen Küche. Als Klingenaufsatz auch auf Mandolinen, Gemüsehobeln und Küchenmaschinen im Gebrauch.

Liaison [franz.; binden, verbinden] In einer Zubereitung eine Verbindung herstellen, meist für Saucen und Cremes.

Matchatee Ein zu feinstem Pulver gemahlener grüner Tee, der ursprünglich aus China stammt, aber bei der japanischen Teezeremonie traditionell Verwendung fand und findet. Matcha ist eine besonders edle Grünteesorte und entsprechend teuer. Wird durch dessen gesundheitsfördernde Eigenschaften sehr geschätzt.

Mandoline Gemüsehobel, nach der altertümlichen Form des Instruments benannt. Zum scheibenweise Schneiden und Hobeln von Gemüse und Früchten.

marinieren – Marinade In der Regel eine mit Essig, saurer Milch, Zitronensaft, Wein gesäuerte Flüssigkeit, die mit unterschiedlichen Gewürzen und Kräutern aromatisiert wird.

Miroir neutre [franz.; neutraler Spiegel] Ein für die Pattiserie entwickeltes Gel aus Glucosesirup und Zucker zur Herstellung von hochglänzenden Dessertspiegeln.

Pailleté Feuilletine [Hippenbrösel] sind getrocknete, hauchdünne Feingebäckbrösel, die sich ideal zur knusprigen Aufwertung von Pralinen und Pattiseriezubereitungen eignen.

Palmzucker Aus dem Saft bestimmter Palmen gewonnenes Zuckerprodukt. Nicht so süß wie industrieller Zucker mit leicht malzigem und edel herbem Geschmack. Bestens bei milden Süßspeisen.

Pankomehl Paniermehl aus Japan, aus Weißbrot ohne Kruste hergestellt, etwas grobkörniger.

Parfait [franz.; perfekt, hervorragend] Meint in der Regel eine aus hochwertigen Zutaten hervorragend zubereitete halbgefrorene Süßspeise.

parfümieren [Fachbegriff: mit Aromen versehen] Zum Beispiel mit frischen Kräutern oder Gewürzen.

Soja Cuisine Sojacreme, rein pflanzlicher Sahneersatz. Sehr beliebt bei veganer Ernährung zum Abbinden und Verfeinern von Saucen, Dips und Cremes.

Sonnenweizen Auch Weizenreis oder Zartweizen genannt. Eine aus ungemahlenem Hartweizen vorgekochte (parboyled) Weizenzubereitung, die beispielsweise wie eine Beilage serviert werden kann.

Spritzbeutel Auch Spritzsack oder Dressiersack genannt. Konische, an der Spitze offene Tuchtüte aus beschichtetem Leinen oder beschichteter Baumwolle, heute meist aus Kunststoff. Wird mit verschiedenen Dekortüllen (Spritzaufsätzen) verwendet. Lässt sich auf einfachste Weise auch aus Papier herstellen.

Süßkartoffel [Bataten] Aus Mittel - und Südamerika stammende, sehr stärkehaltige Knolle, die nicht direkt mit der Kartoffel verwandt ist. Süßkartoffeln werden üblicherweise wie Kartoffeln zubereitet, auch als Püree gekocht oder auch gern zu Brot verbacken.

Teigkarte [Teigschaber] Küchenwerkzeug zum Vermengen und Schaben von Teigen, meist aus Kunststoff, selten aus Holz. Ideal, wenn die Teige nicht zu sehr mit der Handwärme in Berührung kommen sollen. Ideal, um weiche Teige aus der Rührschüssel zu nehmen.

Quinoa Samen einer aus den Anden stammenden robusten Pflanze, auch Inkakorn oder Inkareis genannt. Äußerst vielseitig zu verwenden in süßen und herben Speisen.

Wasserbad [Bain-Marie] Teilweise mit Wasser befülltes Gefäß über einer Hitzequelle, das durch ein weiteres daraufgestelltes Gefäß zur schonenden Zubereitung von Speisen bzw. zum sorgsamen Schmelzen und Erwärmen verwendet wird. Für Schokolade, Eierspeisen, empfindliche Saucen und Cremes.

Index

T

V

W

Z

Danke

Danke an das ganze Team vom Becker Joest Volk Verlag fürs Ärmelhochkrempeln, Schuften, Schwitzen und Lächeln.
Danke, Justyna Krzyżanowska, dass du dich in Typografie und Buchgestaltung verliebt hast. Wir teilen diese Liebe mit dir und schätzen sehr hoch ein, was und vor allem wie du es tust.
Der Fotograf Hubertus Schüler und Foodstylist Stefan Mungenast haben großartige Arbeit geleistet. Klasse! Wir hoffen sehr, dass es euch und dem Team bei all der Arbeit auch ein bisschen geschmeckt hat.
Herzlichen Dank, Ralf Joest, für dein sicheres Feeling für Ideen, die machbar und sinnvoll sind.
Die Firma Sieger by Fürstenberg hat ein sehr besonderes Porzellan für dieses Buch geliefert. Herzlichen Dank für diese Bereicherung!
Wir danken der Firma KitchenAid dafür, dass sie Maschinen und Zubehörteile für die Fotoshootings zur Verfügung gestellt hat.
Danke an Steffen Schraut für die Garderobe und die gute Unterstützung für dieses Projekt.
Wir lieben Bücher und wissen sehr gut, was es heißt, ein Buch mit so vielen Beteiligten zum Leben zu erwecken.
Auch allen anderen, die daran mitgewirkt haben, gilt unser Dank und unser aufrichtiger Respekt.

Su und Bui Vössing

Bezugsquellen

Pailleté Feuilletine, Crème de Nougat, Haselnussmark, Walnussmark, Schokoladenhohlkugeln, Blattgold und Schokolade von Callebaut, Fruchtpürees sowie Miroir neutre von

BOS FOOD GmbH
Grünstraße 24c
40667 Meerbusch
Telefon: +49 2132 139-0
E-Mail: service@bosfood.de
Internet: www.bosfood.de

Die erwähnten Fruchtpürees sind in TK-Packungen zu je 1 kg erhältlich. Miroir neutre gibt es leider nur in 5-kg-Packungen. Aber vielleicht kann man sich die Menge unter backfreudigen Freunden aufteilen – es lohnt sich.

SIEGER by FÜRSTENBERG

Impressum

Originalausgabe Becker Joest Volk Verlag GmbH & Co. KG
Bahnhofsallee 5, 40721 Hilden, Deutschland

1. Auflage November 2015
ISBN 978-3-95453-083-0

Rezepte Su Vössing
Texte Burkhard Vössing
Food-Fotografie Hubertus Schüler
Foto-Assistenz Benedikt Koester
Food-Styling Stefan Mungenast
Projektleitung Johanna Hänichen
Buchgestaltung Dipl.-Des. Justyna Krzyżanowska
Bildbearbeitung, Lithografie Ellen Schlüter,
Makro Chroma Joest & Volk OHG, Werbeagentur
Illustrationen Dipl.-Des. Katharina Staal
Lektorat Rezepte Martin Lagoda
Lektorat Doreen Köstler
Druck Firmengruppe Appl, aprinta druck GmbH

Praktisch: Die Einkaufslisten zu den Rezepten aus diesem Buch können Sie unter www.bjvvlinks.de/1012 für die gewünschte Personenzahl berechnen und für Ihren Einkauf ausdrucken.

BECKER
JOEST
VOLK
VERLAG
www.bjvv.de